U0452462

跟着课本
学历史

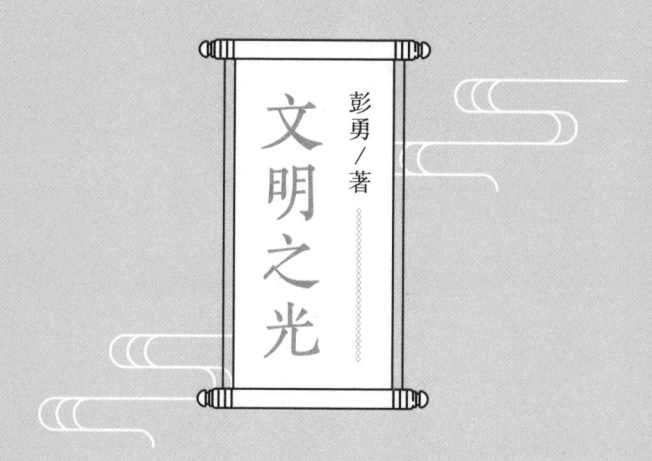

彭勇 / 著

文明之光

天地出版社 | TIANDI PRESS

目录

第一章 史前时期

01 中国境内的早期人类　　　　/ 002
02 原始农耕生活　　　　　　　/ 009
03 黄帝和炎帝　　　　　　　　/ 016
04 尧舜禹的故事　　　　　　　/ 023
　◎ 单元总结　　　　　　　　/ 030

第二章
三代更替

01	夏朝的建立与灭亡	/ 034
02	商朝的建立与灭亡	/ 041
03	武王伐纣与周公辅政	/ 049
04	西周与东周的更替	/ 056
◎	单元总结	/ 062

第三章
春秋战国的剧变

01	春秋五霸	/ 066
02	吴越争霸	/ 088
03	战国七雄	/ 096
04	战国时期各国的变法	/ 110
◎	单元总结	/ 123

第四章

灿烂文明

01 甲骨文和金文　　　　　　/ 128
02 思想的高峰：老子与孔子　　/ 134
03 百家争鸣　　　　　　　　/ 144
04 都江堰与郑国渠　　　　　/ 158
　◎ 单元总结　　　　　　　　/ 163

第一章

史前时期

01
中国境内的早期人类

人类是如何起源的？关于这个问题，自人类文明诞生之日开始，就有过各种各样的说法。这也是一个从神创论到进化论的过程。

在很长时间里，人类由于对客观世界的认识存在局限，往往试图从神话或宗教的角度，解释人类的起源问题。

1859年，英国科学家达尔文的《物种起源》一书出版，对神造人的论说发起挑战。达尔文惊世骇俗地提出了生物进化论，认为人类是由古猿进化而来的。考古学家通过对挖掘出来的古人类化石进行研究，证明了达尔文的理念是正确的，人类确实是由古猿逐渐进化而来的。

中国境内的古人类遗址

在漫长的历史发展中，人类进化的每一个阶段都是有章可循的，这些"迹"，就是古人类遗址。我国是世界上发现古人类遗址最多的国家之一，考古学家在云南、北京、重庆、陕西、山西、湖北、辽宁、河北、安徽、江苏、山东、四川、广东等很多地区，都发现了不同时代的古人类遗址，如北京人遗址、山顶洞人遗址、丁村人遗址、蓝田人遗址、和县人遗址、长阳人遗址、元谋人遗址、马坝人遗址，等等。

对这些遗址的考古发掘，表明元谋人生活在距今约170万年前，是我国境内目前已经确认的最早的古人类。1965年5月，地质工作者钱方、浦余庆等在为成昆铁路的建设做地质勘探时，在云南省元谋县上那蚌村发现了两颗人类门齿化石，经地磁仪器及其他科学手段测定，这两颗门齿化石为距今约170万年的原始人类所有，他们属于直立人种中的一个新亚种——直立人元谋新亚种。这两颗门齿化石，一左一右，属于同一成年人个体。之后，考古学家在发现门齿化石的地方进行了发掘，相继发现了一些石器，经研究鉴定，它们属旧石器时代早期石器，石器包括尖状器、刮削器和砍砸器。此外，还发现了大量的炭屑和一些烧焦的骨头，并且在有炭屑的地方都伴有动物化石，属共生哺乳动物化石，有40多种。这说明，距今约170万年前，生活在这里的元谋人不仅会制造和使用工具，从事狩猎和采集，而且还学会了使用火，开始走出茹毛饮血的时代。

人类进化示意图

北京人

早在 1921 年的时候，中国境内就已经发现了古人类的化石。这年 8 月，瑞典地质学家安特生和美国古生物学家格兰杰在北京周口店龙骨山发掘古生物化石时，就曾发现一枚古人类臼齿化石。8 年后，年轻的中国考古学家裴文中主持周口店龙骨山发掘时，找出一块震惊世界的"头盖骨化石"，随后他发出了一封中国考古史上最著名的电报："顷得一头骨，极完整，颇似人。"在此后的发掘中，又相继发掘出 4 个头盖骨化石、涉及 40 多个个体的直立人化石，以及近 10 万件石器和大量的动物化石。经过对这些化石的测定，推断出在距今约 70 万—23 万年前，这里曾生活着一群古人类——北京人，他们处于旧石器时代早期。

对周口店的考古发掘，一直延续到 1937 年。这一年，日本侵略者发动了卢沟桥事变，考古发掘工作被迫中断，直到新中国成立后才恢复。抗日战争全面爆发后，出于安全的考虑，周口店发现的 5 个北京人头盖骨化石，被存放在了当时美国人在中国创办的北京协和医院中，由中美两国学者创建的"中国地质调查所新生代研究室"负责保管。1941年，珍珠港事件爆发，为了保护这些珍贵的化石，国民政府与美国商定，在美国领事馆的安排下，这些头盖骨化石由撤离北京的美国海军陆战队带出中国，暂时存放在美国。令人遗憾的是，因为战争，北京人头盖骨化石就在转运的过程中，神秘地失踪了。这些化石流落何处，至今都是谜。

根据当时的发掘、研究，人们大概得知了北京人的体质和外貌特征。北京人身材粗短、颧（quán）骨高突，男性平均身高约为162厘米，女性平均身高约为152厘米；其面部较现代人稍短而向前伸出，前额低平，鼻子宽扁，眼眶上缘有2个互相连接的粗大眉骨，嘴部前伸，牙齿粗大，上下颚骨向前突出，没有下颏（kē）；上肢长度与现代人相似，下肢较上肢略长，能够直立行走。

根据对出土的同时期动植物化石的研究分析，当时北京人生活的地区，有大片森林和大量河流湖泽，这里气候温暖湿润，植被茂密，有各种各样的动物出没。北京人以狩猎和采集为生，并

知识拓展

北京人的发掘者

第一个北京人头盖骨的发现者，是我国著名的史前考古学家、古生物学家裴文中。他后来还主持了山顶洞人遗址的发掘，获得了大量极有价值的山顶洞人化石及其文化遗物。第二位发现者是考古学家贾兰坡。1935年，贾兰坡接替裴文中，主持周口店遗址的发掘，并于1936年11月连续发现3个北京人头盖骨。他们的发现和研究，震惊了国际学术界。

会使用石块、兽骨和鹿角等材料制作工具。他们制作石器的技术比较成熟，会运用不同的打制方法，制作成不同类型的工具。北京人使用天然火。所谓天然火，是指自然界存在的火种，如雷击树木起火、火山爆发，都会产生天然火。他们将这些火种采集起来，小心保存，广泛利用，例如用火烤东西吃，晚上睡在火边取暖，以及用火驱赶野兽。

当时的生存环境非常恶劣，生产力水平低下，单个人很难生存下去，因此，这些早期人类往往几十个人生活在一起，过着群居的生活，共同劳动，一起分享劳动成果，这就形成了早期的原始人类社会。

山顶洞人

在发现北京人之后不久的1930年，考古学家在周口店龙骨山最顶端的石钟乳洞中，又发现了一个古代人类的遗址。1933年，还是由考古学家裴文中主持，对其进行发掘后，发现了更具现代人特征的古人类化石，这些古人类被称为山顶洞人。

这些古人类化石来自8个不同的个体，男女老少都有。从头骨的愈合程度和牙齿的生长情况分析，其中5个是成年人，包括壮年男女和超过60岁的老人，1个是少年，1个是5岁的小孩，1个为婴儿。相比北京人，山顶洞人的体质更接近现代人，他们的头骨的最宽处在顶结节附近，牙齿较小，齿冠较高，下颌（hé）前内曲极为明显，下颏突出，这些特征和现代人相差无几。他们的身高也明显高于北京人，成年男性身高约为174厘米，成年女性身高约为159厘米，所处时代为旧石器时代晚期，属于晚期智人。

根据科学测定，山顶洞人距今大约3.4万年至2.7万年。在山顶洞遗址中，考古学家不但发现了石器，还发现了骨器和装饰品。骨器中最具代表性

元谋人
（已知我国境内最早的人类）

发现地：云南元谋
时　间：距今约 170 万年
技　能：会制造工具，知道用火

北京人

发现地：北京周口店
时　间：距今约 70 万—23 万年
技　能：会制造工具，使用天然火及保留火种

山顶洞人

发现地：北京周口店
时　间：距今约 3.4 万—2.7 万年
技　能：会制造工具，掌握了磨光、钻孔技术
　　　　会缝制衣服和人工取火

中国境内的古人类

的是一枚骨针，骨针的针身保存完好，长 82 毫米，针身微弯，打磨得很光滑。这是目前中国发现的最早的旧石器时代的缝纫工具，表明山顶洞人已经会用兽皮或植物纤维缝制衣服。

　　山顶洞遗址中发现的装饰品种类很多，有穿孔的兽牙、海蚶壳、小石珠、小石坠、鲩眼上骨和刻有沟的骨管等。装饰品的出现，说明山顶洞人已经有了审美意识。考古学家还发现，山顶洞分为上下两层，上层的上室住人，下层的下室埋葬尸体。考古学家在下层下室发现了红色的赤铁矿粉，推断是以其象征鲜血，可能与山顶洞人某些原始的宗教信仰有关。

另外，遗址中发掘出来的动物骨骼化石，不但有哺乳类动物骨骼化石，还有大量的鱼类化石，这表明山顶洞人已经掌握了捕鱼技术，将生产活动范围扩大到了水域。这也反映出相比北京人，山顶洞人的生产技术更为先进。和北京人一样，山顶洞人也过着群居的生活，他们共用生产工具和生活资料，共同劳动，共同分享食物。

02 原始农耕生活

> 磨制过的武器，就是比打制的武器锋利！

旧石器 → 新石器

大约在距今1万年前，古老的中国大地上，早期人类从旧石器时代进入新石器时代，我们的祖先已经从使用打制石器，发展为使用磨制石器，生产方式也由旧石器时代的渔猎和采集，进入新石器时代的农业和畜牧业。人们已经学会了用植物的种子播种，从而生产出粮食，还学会了驯服动物和制作陶器。这些古人类走出简陋的山洞，开始定居生活，农业、畜牧业和手工业水平不断提高，并发展出原始的宗教信仰和艺术。

知识拓展

五谷六畜

人们常说"五谷丰登""六畜兴旺",因为这曾经是农业社会中很受欢迎的吉祥语。那么,五谷是哪5种作物,六畜又是哪6种动物呢?

关于五谷,根据南北方的差异有两种说法:一种指麻、黍、稷、麦、菽,另一种指稻、黍、稷、麦、菽。北方稻少、麻多,所以五谷中有麻无稻;南方水稻种植多,所以稻为五谷之一,没有麻。六畜,指的就是马、牛、羊、鸡、犬、猪这6种最早被驯养的动物。

原始农业的发展

中国是农业大国,农业生产的历史十分悠久。在距今1万多年前,中国就出现了最早的人工种植的农作物,它们以长江中下游地区古代先民种植的稻,以及北方地区古代先民种植的粟和黍为代表。

稻,就是今天我们熟知的水稻。考古学家先后在江西省万年县的仙人洞、吊桶环遗址,湖南省道县的玉蟾岩遗址和浙江省浦江县的上山遗址中,发现了早期栽培水稻的遗迹。1993年,中美联合考古队在湖南省道县玉蟾岩遗址进行考古发掘时,在陶器残片的旁边发现了一些黑色小颗粒,工作人员将它们小心翼翼地收集起来送到实验室,检测结果震惊了世界:这些黑色的小颗粒是人工栽培的水稻稻粒,经过碳-14测定,距今约1.8万—1.4万年。

粟就是我们俗称的小米,黍则是俗称的黄米。这两种粮食,在很长的历史时期内,是中国北方主要的粮食作

物。考古学家在北京门头沟东湖林人遗址和内蒙古赤峰兴隆洼遗址等地方，也发现了早期种植粟和黍的遗迹，距今约1万—8000年。

最早的原始农业很简陋，采用刀耕火种的形式，只能是广种薄收，而且经过多次种植后，土地日趋贫瘠，粮食产量越来越低。无奈之下，先民只能不停地迁徙，到新的地方重新种植，以获取更多的粮食。这样的迁徙对当时人类社会的发展很不利，直到最早的农业工具耒耜（sì）被发明出来，才改变了这种局面。

在中国古代神话传说中，是神农氏发明了耒耜，神农"斫木为耜，揉木为耒，耒耜之利，以教天下"。据说，神农氏看到野猪用锋利的牙齿拱土，受到启发，制造出耒耜，用于深耕土地，改善了土地状况。耒耜的使用，也让农业种植由穴播变为条播，使得粮食产量大增。农业生产水平的提高，带动了畜牧业的发展，人们用多余的粮食喂养、驯化动物。最早被驯养的动物有6种，分别是马、牛、羊、鸡、犬、猪。

与此同时，原始的手工业也开始出现，最具代表性的就是陶器制作。先

知识拓展

母系氏族社会

氏族公社以血缘为纽带，是原始社会的高级阶段，分为母系氏族社会和父系氏族社会。母系氏族社会的特点是：女子居于支配地位，男子要听女子的；生下的孩子，知母不知父，辈分按母系来定；同一氏族禁止通婚；财产共有，由母系继承。随着私有财产的出现，人类社会从母系氏族社会发展到父系氏族社会，然后进入阶级社会。

民们在生活中发现，泥土经过高温灼烧后会变得坚硬。根据这一原理，他们用泥土捏成各种器物的形态，放进火堆中烧制成陶器。陶器不仅可以用来烹煮食物，还能储存粮食和水，对先民们的生活来说意义重大。

农业、畜牧业和手工业这些生产技术的进步，使得华夏大地上的先民们，逐渐从愚昧蛮荒走向了原始的古代文明社会。

河姆渡文化

河姆渡人是距今约7000年前，生活在长江下游的古人类，因为这群古人类的遗址发现于浙江余姚的河姆渡村，所以被称为河姆渡人。

河姆渡人的生活方式，对应了中国古代传说中的"有巢氏"部落，这些古人类居住在栽桩架板高于地面的干栏式木结构建筑里，使用的农具主要是耒耜。在河姆渡遗址中，发现了大量的稻谷、稻壳、稻秆和稻叶的遗存，以及很多家畜、家禽、鱼类、野猪的骨骼化石，还有如橡子、菱角、桃子、酸枣、葫芦等植物的遗存，据此基本可以推测，河姆渡人的社会经济以稻的栽培为主，也从事畜牧、采集和渔猎。

根据房屋建筑基址的规制和分布情况推断，河姆渡文化时期，人们的居住地已形成大小各异的村落。河姆渡人已经广泛使用陶器。考古学家还在河姆渡遗址中发现了纺轮、卷布辊、梭形器和机刀等零件，由此推断出这一时期的人类已经会制造原始的机械。更有意思的是，河姆渡遗址中还出土了很多被称为骨哨的乐器，专家推测它们可能是那时的人们在狩猎时用于模仿动物声音进行诱捕用的。

河姆渡遗址中出土的陶器种类很多，主要有釜、罐、盆、盘、钵、豆、盉（hé）、甑（zèng）、鼎等。最具特色的是早期的夹炭黑陶，河姆渡先民为

| 你想象的 | VS | 实际上的 |

树杈上鸟窝似的茅屋

干栏式房屋
一排木桩插在地上，木桩上撑着一个木房子

山洞

半坡人的半地穴式房屋
房屋四周有一道较深的壕沟，防止野兽来袭

尖石块工具

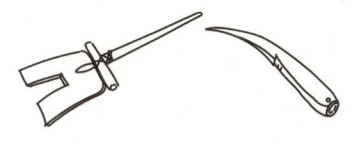

耒耜、梭形器的工具

想象中的石器时代与真实的石器时代

了降低陶土黏性及提高成品率，特地在陶土中掺入了炭末。在这些陶器中，陶灶很特殊，它形状像簸箕，内壁有3个突起的钉状足，这是为安放釜而设置的。正是因为有了陶灶，河姆渡人才能在木质结构的房屋中生火而不易引发火灾。今天中国南方地区有些农村还在使用的缸灶，就是陶灶演化而来的。此外，前有朝上的管状嘴，后为敞口，中间以扁平把手联结的陶盉，被很多学者推断为酒器，这说明河姆渡人可能已经掌握了酿酒技术。

河姆渡遗址中，还出土了大量的原始艺术品，有象牙雕刻品、纹饰陶器和一些首饰。象牙雕刻品和纹饰陶器很有可能与早期的宗教祭祀仪式有关，而首饰则从侧面反映了当时私有财产已经出现。

半坡文化

中国古代最早的文明社会不但出现在长江流域，也出现在了黄河流域。远古时期的黄河流域，气候和今天相比更为温暖湿润，适合早期人类的生存。1953年，考古学家在陕西西安东郊的半坡村发现了一个大型的原始聚落遗址，这处遗址距今约6000年，被称为半坡遗址，半坡文化也由此而得名。

半坡文化属于黄河中游地区新石器时代的仰韶文化，是北方农耕文化的典型代表。半坡的原始居民过着聚居生活，以氏族或部落为单位，建立了很多村落。居住区有壕沟围绕，以防野兽侵害。房屋为地面和半地下式，呈方形或圆形。在居住区的中央有长方形的大屋，学者们认为这里可能是氏族举行庆祝或祭祀等集体活动的场所。半坡遗址出土了大量的农具和渔猎工具，反映了半坡居民的经济生活为农业和渔猎并重。出土的陶器有粗砂罐、小口尖底瓶等，其中的彩陶最具代表性。彩陶红底黑彩，花纹简洁朴素，绘有人面、鱼、鹿、植物枝叶，以及各种几何形图样。更为重要的是，考古学家从这些陶器的花纹中发现了20多种符号，推测其很有可能是原始的文字。

人面鱼纹彩陶盆是半坡文化中最具代表性的陶器。该陶盆的人面绘制比较复杂，冥思的神态和夸张的游鱼，极具神秘色彩，再加上它出土前是覆盖于瓮棺之上作为葬具的顶盖的，应该与当时的巫术有关。

03
黄帝和炎帝

> 他们被尊为中华民族的人文初祖。"炎黄子孙"的称谓，就由他们而来。

黄帝

炎帝

　　海内外的华人常以"炎黄子孙"自称。所谓炎黄，从字面上来讲，指的是两个传说中的人物——炎帝和黄帝。

　　关于人类起源，中国的古代有很多传说，从盘古开天地到女娲补天、伏羲创世，等等。这些传说都试图从神话的角度阐释人类是怎么产生的，但都无据可查。关于炎帝和黄帝的传说则不同，虽然这两个人的存在事迹还有很多存疑之处，但一般都认为，在远古时期，存在两个强大的部落，这两个部落组成了部落联盟，而黄帝和炎帝，就是这两个部落的首领。久而久之，这个部落联盟延续了下来，成为中华民族共同的祖先。

炎帝神农氏

炎帝，是对中国上古时期姜姓部落首领的尊称。炎帝又号神农氏，传说他因为懂得用火而得到王位，所以称为炎帝。相传炎帝牛头人身。他曾亲尝百草，发现用草药能治疗疾病。相传炎帝还是农业的创始人，他发明了刀耕火种的种植方式，并设计制造了许多农具，教导大家开垦荒地、种植粮食作物。又传他还是陶器的发明者，用火烧泥塑的形式，制造出日常生活中使用的各种陶器。

在原始社会早期，人类靠采集和狩猎为生，并不从事农业生产。传说炎帝发现自然界有很多可以食用的植物种子，经过观察，他收纳了五种谷物，这就是"五谷"的起源。在获得这些植物种子后，炎帝发明了耒耜，用来种植这些植物，这些植物后来演化成了以五谷为主的农作物。耒耜的使用和五谷的种植，解决了民以食为天的大事，促进了农业生产的发展，为人类由原始游牧生活向农耕文明转变创造了条件。

相传弓箭也是炎帝发明的，他削木为弓，用植物的纤维做弓弦。这种人类最初的远程武器，不但可以用来狩猎，也被用来防御外族部落的入侵。炎帝能熟练使用火，在用火烹制食物的同时，他还发现了火与泥之间的"秘密"。他用泥巴做成各种形态的器皿，再用火来烧制，于是陶器诞生了。陶器后来发展出了炊具和储存器物，人类可以用陶器对食物进行蒸煮和加工，用陶器存储食物和水。这大大改善了人类的生活条件，促进了人口数量的增加，部落也越来越强大。

原始社会时期，人类只能用树叶、兽皮遮身，既不保暖，也不耐久。据说炎帝发现麻这种植物纤维韧性好，可以织成布，然后做成衣服。据说炎帝还是

知识拓展

三皇五帝

人们常说"自从盘古开天地，三皇五帝到如今"。后来秦始皇称"皇帝"，取的便是三皇之"皇"和五帝之"帝"。那么三皇五帝到底是哪些人呢？关于这个有不同的说法，这里列举几种，仅做参考。三皇：①天皇、地皇、人皇（泛指天地人三位首领，没有具体身份）；②燧人、伏羲、神农；③伏羲、神农、女娲。五帝：①黄帝轩辕、青帝伏羲、赤帝神农、白帝少昊、黑帝颛顼；②黄帝、颛顼、帝喾（kù）、唐尧、虞舜。

中草药的发明人，他发现动物在生病和受伤的时候，通过食用某些植物可以治愈，于是他认真观察，向动物学习，慢慢掌握了很多植物的药性，这就是中医药的起源。

在炎帝的带领下，部落欣欣向荣，与其他部落的交往也越来越多。炎帝又教导人们开辟市场，进行物品交易，这就是商业的起源。除此之外，传说炎帝还根据日月运行的规律，制定了最早的日历，让人们可以有规律地生活，并按照不同的季节栽种不同的农作物。

轩辕黄帝

黄帝，传说中中国古代部落联盟的首领，"五帝"之首。他本姓公孙，后改姬姓，名轩辕，因建都于有熊，也被称为"有熊氏"。作为部落的首领，黄帝和炎帝一样，在自己的部落里也有非凡的成就，这些成就均与人类社会经济、文化最初的起源有关，如黄帝的史官仓颉（jié）创造了文字（也说伏羲创造文字），黄帝的粮官杜康发明了酿

酒术，黄帝的医官雷公、岐伯发明了医术。此外，黄帝本人还开创了造车、修建宫室、算术、音律，等等。

关于黄帝的传说，其中《汉书》中有一处极为重要的记载："黄帝采首山铜，铸鼎于荆山下。"这是人类最早使用金属的记载。而金属的使用，金属器具和金属武器的发明，使得黄帝部落迅速强大起来，成为当时各部落中生产力最先进的部落。据说，黄帝为了更好地管理部落，设立了管理天、地、神、祇、物类的职位，命令他们各司其职，负责部落的各项事务，称为"五官"。由此可见，黄帝的部落在制度上也是优于当时其他部落的。

黄帝的妻子叫嫘（léi）祖，《史记》载："黄帝居轩辕之丘，而娶于西陵之女，是为嫘祖。"传说是她发明和普及了养蚕、缫丝、织布等纺织技术，使人类第一次穿上柔软舒适的服装，结束了穿着兽皮、树叶的生活。"嫘祖养蚕"的传说流传了数千年，自东周时开始，人们就尊嫘祖为"蚕神"，称她为"先蚕娘娘"，世代供奉。

知识拓展

有巢氏、燧人氏、伏羲氏

中国历史上把史前文明时期五位伟大的人物，合称"五氏"，即有巢氏、燧人氏、伏羲氏、神农氏、轩辕氏。有学者指出，"五氏"和"三皇"，有可能是很多人的集合，而不是特指某几个人。有巢氏仿照鸟巢，发明了最早的建于树上的房子，使人类居有定所；燧人氏发明了钻木取火，使人类跟其他动物有了质的分别；传说伏羲氏是燧人氏之子，女娲的丈夫，伏羲和女娲生儿育女，于是有了人类的繁衍。

阪泉之战和涿鹿之战

随着各自部落的发展、强盛，炎帝和黄帝这两个部落发生了冲突，爆发了阪泉之战。战争的胜利者是黄帝，战败者炎帝选择了臣服，两个部落走向了融合。关于这场战争，很多古代文献都有记载。由于参战的两个部落都有很强的实力，战争的场面颇为壮观。《列子》记载："黄帝与炎帝战于阪泉之野，帅熊、罴（pí）、狼、豹、貙（chū）、虎为前驱，雕、鹖（hé）、鹰、鸢为旗帜。"《吕氏春秋》记载："兵所自来者久矣，黄、炎故用水火矣。"有说法认为，熊、罴、狼、豹、貙、虎，以及雕、鹖、鹰、鸢这些，并非指真正的猛兽飞禽，而是各部落图腾的名称。所以，阪泉之战很可能不是炎帝和黄帝两个部落之间的战争，而是两个部落联盟之间的战争。这场战争让双方对峙了3年之久。黄帝更具军事才能，他一边正面与炎帝的军队对抗，一边派人挖掘洞穴，派出奇兵突然出现在炎帝大营的后方，偷袭并活捉了炎帝。炎帝败得心服口服，甘愿称臣，发誓不再与黄帝抗衡。战争结束后，炎帝和黄帝的部落合并，组成了一个更大规模的部落联盟。

此时，一股新兴的力量也在崛起，那就是来自南方的蚩尤部落。在距今大约4600年前，黄帝和炎帝组成的部落联盟，与蚩尤进行了一场大战，战争目的是争夺适宜放牧和浅耕的中原地带。这场战争被称为涿鹿之战。涿鹿之战对华夏民族由远古时代向文明时代的转变产生了深远的影响。

相传蚩尤是九黎部落的首领。九黎即九夷，属东夷集团（先秦时代生活在黄河、泗水、淮水流域各部落的统称）。传说"蚩尤兄弟八十一人，并兽身人语，铜头铁额，食沙石子，造立兵杖、刀、戟、大弩，威震天下"。关于蚩尤，还有"蚩尤作冶""以金作兵"的记载。可见，蚩尤是9个关系紧密的部

黄帝,名轩辕,部落首领

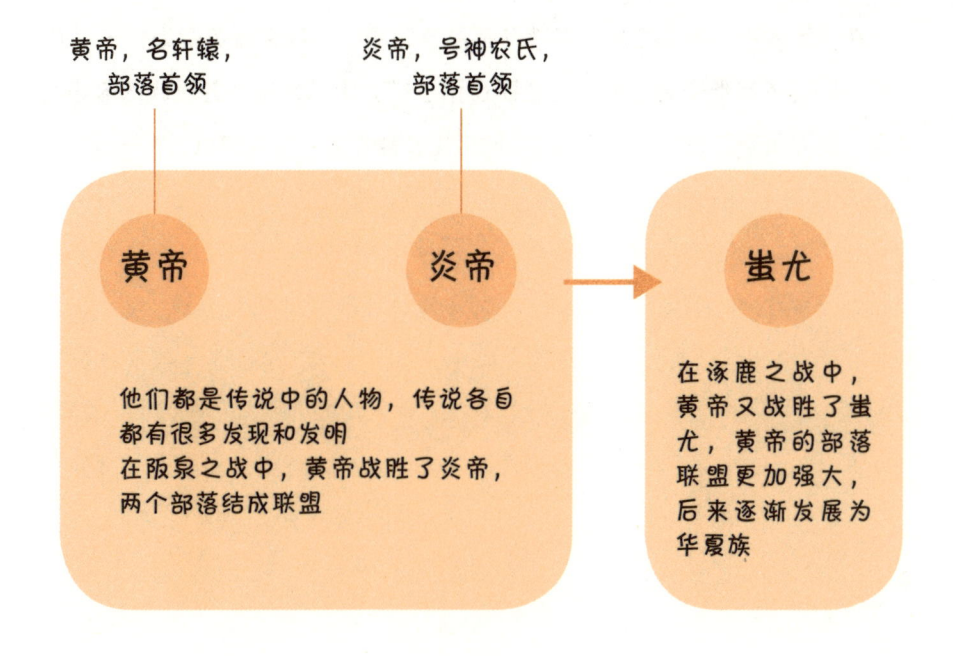

炎帝,号神农氏,部落首领

黄帝 **炎帝** → **蚩尤**

他们都是传说中的人物,传说各自都有很多发现和发明
在阪泉之战中,黄帝战胜了炎帝,两个部落结成联盟

在涿鹿之战中,黄帝又战胜了蚩尤,黄帝的部落联盟更加强大,后来逐渐发展为华夏族

炎黄与蚩尤

落结成的联盟的首领,他的部落勇猛善战,武器装备也比较先进(会使用金属)。黄帝与蚩尤双方的军队在涿鹿(今河北张家口市)郊野发生了激烈的战斗,这是历史上最早和最著名的大战之一。战争之初,蚩尤凭借着良好的武器和勇猛的士兵,连连取胜。后来,黄帝请来龙和其他奇怪的猛兽助战,蚩尤的军队再也抵挡不住,纷纷败逃。

  黄帝正想乘胜追击,突然狂风大作,雷电交加,暴雨倾盆,士兵们眼睛都睁不开了。原来,蚩尤请来了"风神"和"雨神"帮忙,想用恶劣的天气阻挡黄帝的军队。黄帝不甘示弱,也请来天上的"旱神"帮忙,驱散风雨。一计不成,再生一计,蚩尤用妖术制造了一场大雾,使黄帝的士兵迷失了方向,找不到蚩尤军队的位置。传说黄帝用"指南车"指引士兵冲出了迷雾。最终,黄帝部落击败了蚩尤大军,并活捉了蚩尤,处死了他。或许是因为害怕蚩尤死后作怪,黄帝将他的头和身子分别葬在相距很远的两个地方。

在黄帝战胜了蚩尤之后,各部落都愿意归顺,一致拥戴黄帝为天子。就这样,以黄帝和炎帝为首的华夏集团占据了广大中原地区,各氏族部落相互融合,黄帝和炎帝成为中华民族的共同祖先,被尊为"人文初祖"。

04 尧舜禹的故事

> 上古时期的三位贤德之人。
> 禅让制，他们是开山鼻祖！

帝尧　　帝舜　　夏禹

尧老了将天子之位传给舜

舜老了将天子之位传给禹

尧、舜、禹是上古时期自黄帝之后，黄河流域先后出现的一个原始部落联盟的三位杰出的首领。这个部落联盟是由陶唐氏、有虞氏和夏后氏组成的，而尧、舜、禹依次成为这个部落联盟的首领。这一时期，部落联盟首领实行的是禅让制，即将离任的联盟首领将自己的位置传给贤德的人。尧、舜、禹这三位首领，就是当时的贤德之人。

尧的故事

尧,又称唐尧,是传说中父系氏族社会后期的部落联盟领袖。

尧出生在黄帝世家,父亲叫帝喾,司马迁认为他是黄帝的曾孙。据说帝喾的第三个妻子名叫庆都,她梦见一条飞舞的赤龙后受孕,生下了尧,有说法认为这也是中华民族龙图腾的起源。13岁时,尧受封祁地;15岁时定都于陶唐,成为部落的首领;到了20岁,尧代帝挚为天子。尧设立专职官员,命羲仲、羲叔、和仲、和叔分居东、南、西、北四方,观察天象,制定历法,颁布历书。

在尧执政的时候,并没有什么国家的概念,只是松散的部落联盟,并不利于统一管理。尧在政治制度上进行的革新,设立"四岳"制度,这是原始国家政治制度的起源。尧根据政务的需要任命官员,使得部落联盟逐渐向国家这一形式转变。

虽然名义上尧是天子,但他所过的生活与一般老百姓并无多大区别。尧依旧住在简陋的茅草屋里,喝着野菜汤,穿着用葛藤编织的粗布衣服。尧很关心百姓,他想让自己时刻能听到百姓的心声,于是就在家门外设了一张"欲谏之鼓",任何老百姓如果对国家或是尧本人有什么意见或建议时,随时击打这面鼓,尧听到鼓声后,就会立刻接见击鼓之人,听取他的意见。为了让远方的百姓也能上达天听,尧命人在交通要道设立了很多被称为"诽谤之木"的木柱,木柱由专门的官员看守,老百姓有意见,可以向看守的官员陈述;如果官员解决不了,就指引他去找尧。尧爱民如子,他经常讲这么一句话:"如果有一个人挨饿,就是我饿了他;如果有一个人受冻,就是我冻了他;如果有一个人获罪,就是我害了他。"

为了更好地治理国家，尧发掘任用了大批人才。尧唯恐埋没了人才，因此，他常常深入穷乡僻壤，到山野之间去寻访，求贤问道，一面察访政治得失，一面选用贤才。据说，当时汾水北岸的姑射（yè）山上，有四位隐士，分别叫方回、善卷、披衣、许由。尧在得知他们的大名后，专门前往拜访，邀请他们下山为官。四人之中，许由的才能最突出，尧准备将帝位让给他。但许由不为所动，反而隐入箕山，尧见许由如此谦谨，于是请他担任九州长，许由不想听，就跑到河边去洗耳朵。

在尧的治理下，天下太平，人民安居乐业，国家呈现出一派欣欣向荣的景象。但在尧的内心中，却有一件事让他很担忧，那就是自己的儿子丹朱。丹朱不务正业，游手好闲，经常招惹是非。尧为了教育好他，磨炼他的心性，发明了围棋，这就是史书中记载的"尧造围棋，以教子丹朱"。但丹朱在旁人的唆使下，还是走上了邪路，他计划用诡计夺取父亲的天子之位。尧察觉后，流放了丹朱。

对于谁来继承自己的天子之位，尧在经过多方考察后，最终选定了舜。

知识拓展

谏鼓谤木

"欲谏之鼓""诽谤之木"的故事，成为后世典故，即成语"谏鼓谤木"，用于形容领导者虚心接纳百姓的意见。

也有些史料把"诽谤之木"的故事安在舜的身上。《吕氏春秋》中说："尧有欲谏之鼓，舜有诽谤之木。"《淮南子》中也说："尧置敢谏之鼓，舜立诽谤之木。"都是形容尧舜二人一心为民，非常愿意听到民众的心声。

舜 的故事

舜，姚姓，也有人认为是妫（guī）姓。舜在20岁的时候，就已经声名远播了。据《史记》记载，舜的父亲叫瞽叟（gǔ sǒu），这个名字只是一个俗称，意思是"瞎老头"。瞽叟早先娶了一个妻子，妻子生下舜后就死了，于是又娶了一个妻子，生了一个儿子，名叫象。

后妈的到来，让舜吃尽苦头。因为不是亲生的，后妈非常讨厌舜，故意刁难他，甚至虐待他。再加上后妈不断在瞽叟耳边说舜的坏话，久而久之，瞽叟也渐渐地憎恶起这个儿子。舜面对父母的不公正态度，并没有怨恨，反而对他们十分孝敬，对弟弟也很友爱。等到成年后，舜离开了父母，独自生活。他在历山种过田，在雷泽捕过鱼，在黄河边上制作过陶器。因为舜多才多艺且品德高尚，很多人都愿意跟随他，他走到哪里，哪里就能聚集一大帮人，成为一个小小的村落。

尧流放了儿子丹朱后，想找一个新的传承人，于是向四岳征询继任人选，四岳就推荐了舜。为了考察舜，尧将自己的两个女儿嫁给了舜，以观察他的品行和能力。舜没有让他失望，于是尧又赏赐了很多财物给舜，这些财物却差点给舜惹来了杀身之祸。原来舜的父亲瞽叟和弟弟象想霸占这些财物，对舜起了杀心。

瞽叟让舜去修补仓房的屋顶，自己却在下面纵火焚烧仓房，危急关头，舜用两只斗笠作翅膀，从房顶上飞了下来。瞽叟又让舜去挖井，井挖到很深时，瞽叟和象在上面填土，要将舜活埋在井里。舜事先有所察觉，在井底挖了一条通道，钻了出去。瞽叟和象以为计谋得逞，就要去霸占舜的财物，却发现舜已经回到了家中。但舜并没有揭穿他们，而是一如既往地孝顺父母，友爱兄弟。

经过很长时间的考验，舜终于得到了尧的认可。于是尧选择吉日，举行大典，立舜为传承人，将天子之位禅让给了舜。舜执政后，进行了一系列的重大政治改革。他重新修订历法，举行了祭祀上天、祭祀天地四时、祭祀山川众神的大典。为了加强对各方诸侯的管理，舜下令把诸侯的信圭（代表官职高低的玉石）收集起来，再择定吉日，召见各地诸侯君长，并举行隆重的典礼，重新考察后颁发信圭。为了加强统治，造福更多的百姓，在即位的当年，舜就到各地巡狩，祭祀名山，召见诸侯，考察民情。他还规定以后每5年巡狩一次，考察诸侯的政绩，明确赏罚，以加强中央与地方的联系，巩固对地方的统治。

舜为人非常谦逊，他认为自己的天子之位应该还给尧的儿子丹朱，于是在尧去世3年后，舜又把天子之位传给了丹朱，自己则归隐到南河之南。然而，天下的诸侯只认可舜，并不认可丹朱，诸侯纷纷跑到南河之南去朝见舜，老百姓有了争端或是诉求，也是去找舜解决。无奈之下，舜只好重新登上天子

知识拓展

舜逐"四凶"

四凶，在神话里指四种凶兽：混沌、穷奇、梼杌（táo wù）、饕餮（tāo tiè）。混沌长得像巨大的狗；穷奇像虎又像牛，长着翅膀；梼杌人头虎腿，并长有獠牙；饕餮则人头羊身，腋下长眼睛。这四大凶兽不仅长得怪异，性情也穷凶极恶。舜放逐四凶，并不是放逐这四种凶兽，应该是放逐四位不服从舜的统治的部落长，四凶可能是四个部落的图腾。也有说法是把共工、驩兜（huān dōu）、三苗、鲧这四个人，称为"四凶"。舜处罚了这四人，人民心悦诚服。

之位，因为他认识到这是天命所归，是自己无法推卸的责任。

后来，舜在南方巡狩时，死于苍梧之野，葬于江南九嶷（yí）山，他的陵墓被称为"零陵"。舜和尧一样，并没有把天子之位传给自己的儿子，而是禅位给了比他儿子更加贤明的禹。

禹的故事

禹，姒姓，夏后氏，名文命，是上古时期夏后氏的首领、夏朝开国君王，"大禹治水"故事的主人公，史称大禹。禹的父亲叫鲧（gǔn），是有崇部落的首领。尧执政的时候，天下洪水泛滥，大家一致举荐鲧去治理水患。鲧用了9年的时间，在岸边设置河堤，缓解了泛滥的洪水。但这种方法治标不治本，9年后，洪水越涨越高，最终冲破了河堤，造成更大的水患。此时舜在执政，舜很生气，命人杀掉了治水失败的鲧。为了继续治水，众人又推荐了鲧的儿子禹，就这样，禹继承了父亲的事业，带领人民治理水患。

禹吸取了父亲的教训，并不蛮干，他先是视察河道，又召集了很多老百姓前来协助，集思广益，总结了父亲治水失败的原因，最后改革治水方法，以疏导河水为主，利用水向低处流的自然规律，疏通九河，使水流畅通而不为患。禹在治水期间，翻山越岭，蹚河过川，从西向东，一路测量地形的高低，树立标杆，规划水道；带领百姓逢山开路，遇洼筑堤，最终将汹涌的洪水引入了大海。经过13年的治理，禹治水取得成功，彻底结束了洪水泛滥的祸患。为了表达对禹的感激之情，老百姓都尊称他为"大禹"，意思是"伟大的禹"。

传说，禹在治水的时候舍小家为大家，他与涂山氏新婚不久后就离开妻子，踏上了治水的征程。有一次，他治水时路过家门口，妻子正在生产，儿子刚呱呱落地，但他想到治水的事刻不容缓，竟然没有回家看望妻子和孩子。

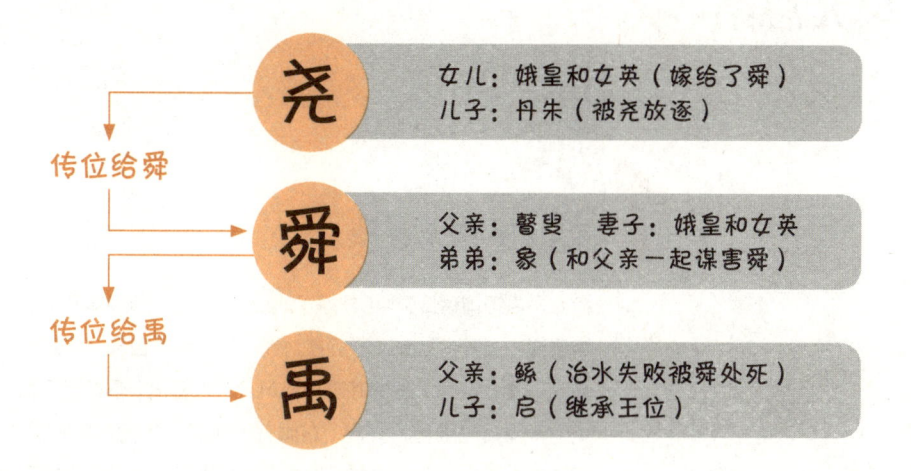

```
          ┌─────────────────────────────────────────┐
          │  尧    女儿：娥皇和女英（嫁给了舜）      │
          │        儿子：丹朱（被尧放逐）           │
传位给舜  └─────────────────────────────────────────┘
     ↓
          ┌─────────────────────────────────────────┐
          │  舜    父亲：瞽叟   妻子：娥皇和女英     │
          │        弟弟：象（和父亲一起谋害舜）      │
传位给禹  └─────────────────────────────────────────┘
     ↓
          ┌─────────────────────────────────────────┐
          │  禹    父亲：鲧（治水失败被舜处死）       │
          │        儿子：启（继承王位）             │
          └─────────────────────────────────────────┘
```

传承与继承

当他第三次经过家门口的时候，他的儿子启正被母亲抱在怀里，大声地叫爸爸，还挥动着小手和禹打招呼。禹只是远远地看着，向妻儿挥挥手，表示自己看到他们了，但依旧没有停下治水的脚步。

因为禹治水有功，舜将天子之位禅让给他。禹为了确立自己的权威和表明自己受禅的合法性，在涂山举行了诸侯大会。史学家一般认为，涂山大会是中国夏王朝建立的标志性事件。但在涂山大会时，禹并没有指定自己的儿子启作为接班人，相反，他指定的接班人是皋陶（gāo yáo），以及后来的伯益，这两个人都是当时杰出的部落首领。至于最终启继承了禹的天子之位，夏朝建立，"家天下"由此开始，那是后来发生的事。涂山之会后不久，因为禹的威望越来越高，再加上人民为了感谢他治理水患，各部落就向禹进献了很多铜。禹想起从前黄帝轩辕氏功成铸鼎的故事，于是他效仿黄帝，将各地进献来的铜铸造成九个大鼎，分别是冀州鼎、兖（yǎn）州鼎、青州鼎、徐州鼎、扬州鼎、荆州鼎、豫州鼎、梁州鼎、雍州鼎，这些鼎上铸着各州的山川名物、珍禽异兽。九鼎象征着九州，夏朝建立后，九鼎被安置在夏朝的首都阳城，成为王权至高无上、国家统一昌盛的象征。

单元总结

重要人物

1 盘古 开天辟地

盘古是中国神话传说中的开天辟地之人。他一斧头劈开了宇宙混沌，上升者为天，下沉者为地；他睁眼为白天，闭眼为夜晚。盘古死后，他的呼吸化作风云，声音化为雷霆，汗水化为雨泽，左眼化为太阳，右眼化为月亮，头发化为星辰，四肢化为高山，血液化为河流，皮肤化为草木，身上的虫子化为人类……

2 女娲 大地之母

传说女娲曾"抟黄土造人"，她仿照自己的样子，用黄土捏成了人类，所以女娲被称为"大地之母"。远古时代，"四极废，九州裂"，女娲炼出五色石来补天，折下神鳌的四脚化为天柱，撑起四极。她又平息洪水，杀死恶兽，让人类世界恢复平静。

3 伏羲 人类始祖

伏羲是传说中"三皇"之首，人类始祖。传说伏羲人头蛇身，和女娲结为夫妇，生儿育女，才有了后世的人类。伏羲是中国古籍中记载的最早的王，他发明占卜八卦，创造了文字，教会人类渔猎，还发明了乐器创造了乐曲……

4 仓颉 造字圣人

传说仓颉是黄帝的史官，每只眼睛有两个瞳仁。他从鸟兽痕迹中受到启发，发明了文字，因为这些文字多数是象形的，所以被称为象形文字。文字一出，人类从此由蛮荒时期转向文明时期，仓颉因此被称为造字圣人。

5 嫘祖 先蚕娘娘

传说嫘祖是黄帝的妻子，她最先教会人们种桑养蚕，用蚕茧织丝，以其作为人类衣着的主要原料，因此被称为"先蚕神"。古代以"农桑"来泛指农业生产，密切关系着人类的食和衣，可见种桑养蚕在古人生活中的重要地位。

6 皋陶 中国司法始祖

传说皋陶与尧舜禹并称为"上古四圣"。皋陶曾长期掌管刑罚，创立了中国最早的司法制度体系。他强调法治，以公正、正直闻名天下，被后世尊为"中国司法始祖"。

7 杜康 酿酒始祖

传说杜康是黄帝时期管粮食的官员，他发明了酿酒工艺，被后世尊为造酒的祖师爷。"杜康"一词也常用来代指酒，如曹操《短歌行》中的名句："何以解忧，唯有杜康。"

8 许由 贤人隐士

许由和巢父是中国古代隐士（高士）的代表。传说尧想让天下给许由，许由不受，躲到山里；尧想请他做官，许由不爱听，跑到水边洗耳。巢父牵牛来饮水，见许由洗耳，得知缘故后，抱怨说："你如果真想隐居，不与人来往，谁能找到你？我看你就是在沽名钓誉。"说着把牛牵走，意思是嫌弃许由把水弄脏了。

生产技术的
使华夏大地上文明
的先民们逐渐从愚昧走向
从愚昧走向文明
技术的进步，使华夏
技术的进
使华夏大地上的先民
生产技术的进步，使华夏
渐从愚昧走向 生产技术
使华夏大地
进步使华夏
步，使华夏生产

第二章

三代更替

01
夏朝的建立与灭亡

> 禹，开启了中国历史上第一个王朝。

约公元前2070年，禹建立夏朝

约公元前1600年，桀被汤灭，夏朝结束

> 夏朝是中国历史上第一个王朝，其建立者是禹，建立的时间约为公元前2070年。夏朝的历史虽然有文献记载，但因为时间久远，几乎无迹可寻，甚至很多人都怀疑它的真实存在。后来考古学家在洛阳盆地发掘的二里头遗址中，发现大量的宫殿建筑群和大型墓葬群，猜测该遗址有可能就是夏王朝后期的一座都城遗址，从而间接印证了这个王朝并不只是在神话和传说中，也存在于考古的实物中。

夏朝的建立

一般认为，夏朝的建立者是禹。舜在将天子之位禅让给禹之后，禹在涂山召集部落联盟会议，准备征讨三苗（传说中黄帝至尧舜禹时代的原始部落）。涂山大会被认为是夏朝建立的标志。禹在征服三苗后，在阳城修建城池，作为都城，并制定了各种政治制度，社会生产力也因此得到了极大的发展。这一时期是原始氏族社会向奴隶社会转变的重要时期，而夏朝的建立，标志着原始氏族社会的瓦解以及奴隶制国家的出现。

在原始氏族社会，各部落首领共同推举部落联盟的首领，各部落实行自治，拥有很大的自主权。有一次，禹在会稽举行部落会盟时，防风氏的首领因为迟到被禹处死了，这一事件，也反映出禹的权力在逐渐变大，已经由部落联盟的首领向国王转变，各部落的自主权逐渐丧失。原始社会的瓦解、私有制社会的产生是历史的必然，一个新的

知识拓展

阴历和阳历

阴历是我国传统的一种历法。阴历根据月亮的运转周期变化来制定，月亮运行到太阳和地球中间时，称"朔"，即初一；地球正好在太阳和月亮中间时，称"望"，即十五。从朔到望再到朔，便是阴历的一个月，为 29.5 天左右。

阳历则以地球绕太阳运行规律为根据，地球绕太阳一周为一年，一年是 365 天多。一年下来，阴历比阳历少了约 10 天，于是古人在阴历的基础上发明出闰月，将每 3 年差出来的 1 个月加在第 4 年里，即每 4 年有一个闰月，这一年也称作闰年。

集权的中央制王国即将产生。

中央制王国产生的标志性事件是：禹去世之后，儿子启继承了统治权，原来的禅让制变成了世袭制，部落联盟变成了家天下的王国。启继承禹的权力后，建立了军队，制定了刑法，还设置了监狱，并颁布了历法，即"夏历"。一种新的制度建立，必然会遭到部分人的反对，夏朝的建立也不例外，那些更加倾向于禅让制传统的部落，质疑启地位的合法性，双方最终兵戎相见。以有扈氏为首的一些部落联合起来，与启的军队展开了激战。最终，启凭借强大的军事实力，击败了反对自己的这些部落，而战败者遭到启的严厉惩罚，沦为奴隶。

康与少康

启去世之后，他的儿子太康继承了王位。太康在位期间，只顾着游玩，不理朝政，夏朝的中央权威被削弱，而部落制的复辟很快就上演了。位于夏朝东部的东夷部族中，一个叫有穷氏的部落趁机崛起并西进，他们的首领也是一位传奇人物，名叫后羿（yì），是传说中的神射手。在后羿的带领下，有穷氏攻入夏朝都城，夺取了太康的政权，但后羿并没有自己称王，他选择了立太康的弟弟仲康为王，做自己的傀儡，实际权力都掌握在后羿的手中。这引起了忠于夏朝的和氏、羲氏的反抗，后羿击败了他们，延续了自己的统治。

仲康死后，他的儿子相即位。因为不甘心当傀儡，相就投奔了与夏同姓的斟鄩（zhēn xún）和斟灌部落。后羿没有办法，只能自立为王。但他只是一个好的射手，并不适合当国王。他当上国王后，和太康一样，整日沉迷于酒色和狩猎，荒废了国事。后羿有一个属下名叫寒浞（zhuó），他趁着后羿在外射猎，发动叛乱，杀掉了后羿和他的家人，并派出自己的儿子浇，去诛杀躲在斟

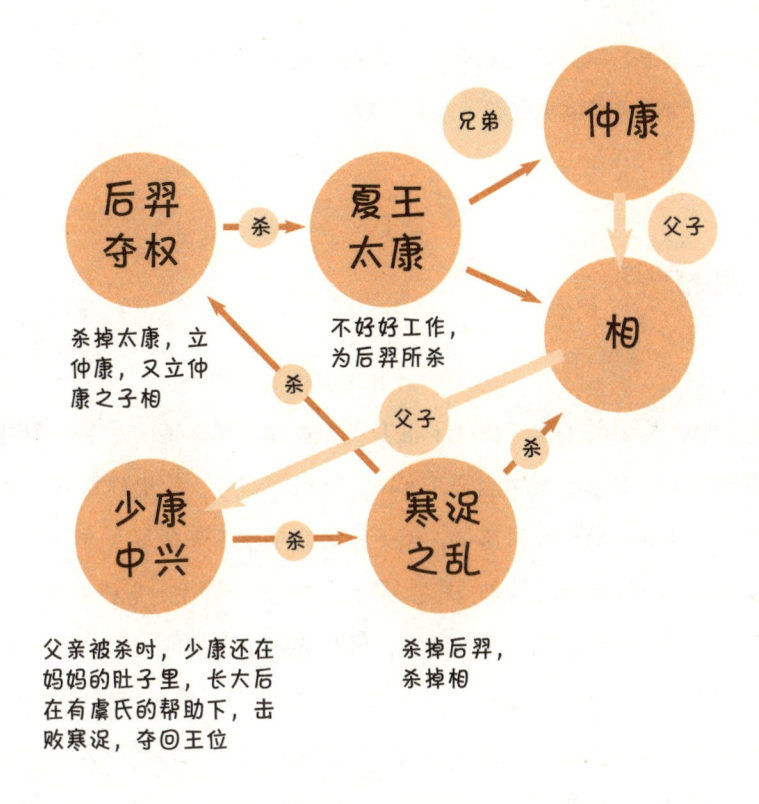

```
        后羿      夏王        兄弟    仲康
        夺权  —杀→ 太康  ——————→
                           ↓
                           父子
         杀掉太康，立    不好好工作，       ↓
         仲康，又立仲    为后羿所杀         相
         康之子相
                    ←—杀—      ↑
                      父子   —杀—
         少康            寒浞
         中兴  —杀→     之乱

    父亲被杀时，少康还在        杀掉后羿，
    妈妈的肚子里，长大后        杀掉相
    在有虞氏的帮助下，击
    败寒浞，夺回王位
```

少康的崛起

鄩和斟灌部落的相。相被杀，相的妻子缗（mín）当时已经怀了相的儿子，她从墙洞逃走，躲了起来，不久之后就生下了遗腹子少康。

少康长大后，过着寄人篱下的生活，然而寒浞很快就发现了他的踪迹，并派浇追杀他。少康无奈之下，投奔到了舜的后代有虞氏那里。有虞氏的首领虞思没有儿子，只有两个女儿，他把两个女儿都嫁给了少康，还给了他一块名叫纶邑的肥沃土地和500个士兵。少康以这些作为资本，开始了复国之路。经过多年积攒力量，少康在夏朝的遗臣和宗室的帮助下，最终击败了寒浞。少康登上了夏王的宝座，他统治时期，被称为"少康中兴"。

少康死后，儿子杼（zhù）继承王位。为了彻底解决东夷部族对夏朝的威胁，杼发展军事，制造武器和盔甲，发动了对东夷部族的战争，并最终征服了他们，夏朝的疆域也扩张到了东海之滨。

夏朝的覆灭

杼之后，夏朝的王位又传续了很多代，直到传到夏桀的手中。桀并不是这位夏朝国王的名字，桀本名癸（guǐ），桀是其谥号，故史称夏桀。桀在位的时候，夏朝的统治已经没落了，天下的诸侯早就不来朝贺。早在桀登基之前，夏朝就已经因为内政不修、外患不断，搞得民不聊生、危机四伏了。

桀上位后，不思进取，骄奢淫逸，最终导致了夏朝的灭亡。据说桀好酒贪杯，喜欢美色，他从各地搜寻美女充入后宫之中，整日与美女饮酒作乐。桀最宠爱的美女名叫妹喜，据说妹喜有三大爱好，一是喜欢看人在酒池里饮酒，二是喜欢听绢帛撕裂的声音，三是喜欢穿戴男人的官帽。为了满足妹喜的这些特殊爱好，桀建造了一座规模大到可以划船的酒池，然后邀请3000名酒鬼在击鼓声中下池畅饮，结果他们中的很多人因酒醉而淹死。妹喜听到绢帛撕裂的声音就笑，而桀喜欢看妹喜笑，为此他下令宫人搬来织造精美的绢子，在她面前一匹一匹地撕开，以博得妹喜的欢心。

面对荒淫无道的桀，太史令终古哭着进谏说："自古帝王，都是勤俭而爱惜人民的力量，才能够得到人民的爱戴。不能把人民的血汗供给一人的娱乐。这样奢侈，只有亡国。"

桀听了很不耐烦，斥责终古多管闲事。终古知道夏桀已不可救药，明白夏朝这样折腾下去，一定要灭亡，于是他投奔了商部落的首领商汤。

大臣关龙逄（páng）对桀说："天子谦恭而讲究信义，节俭又护贤才，天下才能安定，王朝才得稳固。如今陛下奢侈无度，嗜杀成性，弄得百姓都

建立者：禹
建立时间：约公元前2070年
意义：①中国历史上第一个王朝，标志着早期国家的产生；
②启的继位，标志着世袭制代替了禅让制。
最后一任王：桀
灭亡时间：约公元前1600年

夏朝始末

盼望夏朝早些灭亡。陛下已经失去了人心，只有赶快改正过错，才能挽回人心。"

桀听了很生气，下令处死关龙逄。就这样，夏朝朝政更加腐败，桀也日益失去了人心，最后众叛亲离。

桀在位时，有一位杰出的政治家，名叫伊尹。伊尹见到桀后，用尧、舜的仁政劝说桀，希望他改过自新，用心治理天下。桀听不进去，伊尹只得离去，投奔了商汤。在伊尹离开前，桀猖狂地对伊尹说："人民跟我的关系，就是月亮和太阳的关系。月亮没有灭亡，太阳会灭亡吗？"

伊尹将这句话告诉了商汤，商汤又将这句话告诉夏朝的子民，以试探子民们对桀的态度。谁知夏朝的子民们指着太阳诅咒桀："时日曷（hé）丧，予及汝偕亡！"意思是说：若太阳什么时候会灭亡，我这个月亮愿意跟你同归于尽！

桀的荒淫无道，最终给夏王朝带来了覆灭的命运。大约在公元前1600年，商部族的首领商汤，率领各部落联合起来讨伐夏桀，双方在鸣条（今山西省夏县）展开了一场血战。夏桀被击败，放逐于历山，最后又跑到了南巢之山，最终死在了那里。

鸣条之战后，夏王朝覆灭，商汤在亳（bó）称王，建立商王朝。就这样，中国历史上第一个世袭制政权夏朝灭亡，共传14世，17个帝王，存续约470年。

02
商朝的建立与灭亡

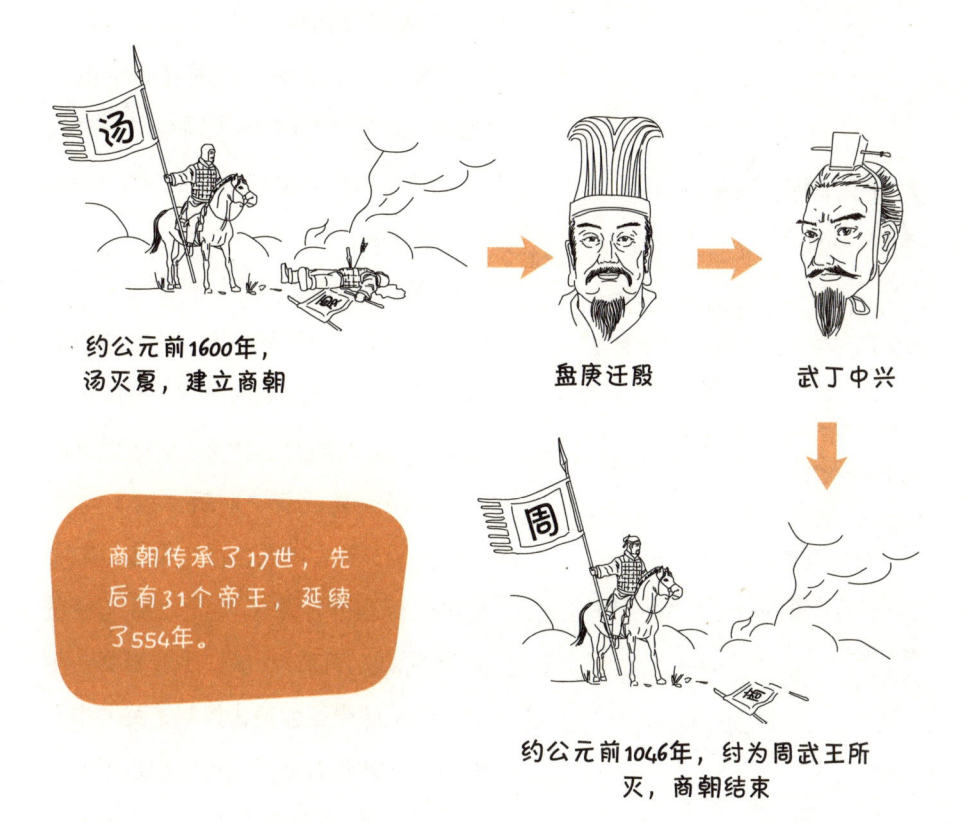

约公元前1600年，汤灭夏，建立商朝

盘庚迁殷

武丁中兴

商朝传承了17世，先后有31个帝王，延续了554年。

约公元前1046年，纣为周武王所灭，商朝结束

  商朝是继夏朝之后，中国历史上第二个奴隶制王朝，也称为殷商。它是中国第一个有直接的、同时期的文字记载的王朝，这种文字就是甲骨文。甲骨文是我们能见到的最早的成熟的汉字，它为后人研究商朝的历史提供了可靠的文字材料。

  历史学家一般将商朝分为三个时期，分别是"先商""早商""晚商"。根据已知史料，商朝传承了17世，先后有31个帝王，延续了554年。

知识拓展

为什么做生意的人又称"商人"

"商人"一词的由来，与商朝有关。据说商部落的祖先很会做生意，他们发明了马车和牛车，经常用车拉着货物，赶着牛羊，去其他部落进行贸易。久而久之，来做生意的人多是商人，这一印象成为很多部落的共识。渐渐地，"商人"一词成为生意人的代称，就这样沿袭了下来。

商朝的建立

商朝的先祖是商族，它兴起于黄河中下游的一个部落，传说它的始祖名叫契（xiè），和著名的大禹是同一时代的。契帮助禹治水有功，被封于商邑，建立了商国。

夏朝建立后，商国一直作为夏的诸侯国而存在。夏朝末年，因为桀的暴虐，引起了天下诸侯的反抗，商国也卷入其中，此时的商王名汤，史称商汤。

商汤灭夏的战争前后持续了约20年，商汤最终在鸣条之战中彻底击败了夏桀，俘获并流放了桀。之后又经过多年的战争，商终于统一了自夏朝末年以来纷乱的中原大地，控制了黄河中下游地区，其势力范围也远远超过了夏王朝。由于商汤以武力灭夏，打破了国王永定的说法，从此中国历代王朝皆如此更迭，史称"商汤革命"。

根据《史记·殷本纪》的记载，商汤在灭夏之后，起初并没有选择取而代之。商汤对前来朝贺的诸侯皆以礼相待,他自己也只居于诸侯之位,以示谦逊。然而历史的进程浩浩荡荡,天下不能倒退回诸侯部落各自为政、相互征战的旧时代,"于是诸侯毕服,汤乃践天子位",商汤在各部落和诸侯的拥护下,告祭于天,宣告了商王朝的建立。

商汤特别会用人,他的左相仲虺(huǐ)和右相伊尹,是两个身世和经历完全不同的人,却都能为他所用。仲虺是个奴隶主,先祖世世代代在夏朝做官。而伊尹是个奴隶,从小就过着流浪的生活。这两个身份地位相差悬殊的人,却成了商汤的左膀右臂,可见他的驭人之术有多高。

商汤对伊尹很尊重。有一次,商汤让车夫驾车载自己出门,车夫问商汤:"您要去哪里?"

商汤回答说:"去见伊尹。"

车夫说:"伊尹以前只不过是一个奴隶,如果您要见他,下道命令就行了,何必亲自前往?"

商汤回答道:"你是不知情啊,如果现在有一种药,吃了它,耳朵会更加灵敏,眼睛会更加明亮,那我一定会喜欢吃这种药!伊尹对我来说,就像是这服良药,而你却不想让我去见伊尹,你这是不想让我变得更好啊!"说完商汤就把车夫赶下车,自己驾车去见伊尹了。

相传商汤还是个特别仁慈的人。有一次外出,在一片茂林中,他看见一个猎人正在张网捕捉猎物,东西南北四个方向都挂好了网。猎人对天拜了拜,然后跪下来祷告说:"网已经挂好了,祈求上天保佑,希望天上飞来的,地上跑来的,从四方来的鸟兽都进入网中。"

商汤听到猎人的祷告,感慨地说:"要是一直如此张网,鸟兽就会被完全捕尽,这样做实在太残忍了。只有夏桀这样的人,才会把自己想要的东西一网打尽啊!"于是他命令猎人撤掉三面网,只留下一面。最后,商汤也跪下来祷告说:"天上飞的,地上跑的,想往左跑的就往左跑,想往右跑的就往右跑,不听话的就向网里钻吧。"

这就是"网开三面"的典故(后世亦作"网开一面")。人们听说了这件事,都感慨商汤是一个心怀仁慈的有德之君。

盘庚与武丁

商汤建立商朝后,在位13年便去世了。伊尹辅佐商汤的后代,继续治理商朝。等到伊尹死后,商朝开始陷入内乱之中。内乱的主要原因是继位制度,尤其在商王仲丁之后,原本的嫡长子继承制被废弃,商朝内部多次发生争夺王位的事件,兄终弟及与父死子继的矛盾,导致了商朝陷入危机,同盟的诸侯都不来朝见了,这件事史称"九世之乱"。

直到盘庚当上了商王,内乱才得以终止。为了延续商王朝的统治,盘庚即位后,进行了大刀阔斧的改革,国家渐渐稳定下来。但此时的商王朝还有一个致命的隐患,那就是首都的所在地。商汤在建立商朝时,最早的国都定在亳;此后的300年里,因为长期内乱,甚至同一时间存在两个商王,国都也迁来迁去。更要命的是,这些都城都离黄河太近了,一发水灾,都城就会被淹,严重影响了人们的生产和生活。在盘庚即位之前,商王朝的首都已经迁移了5次。

盘庚即位后,决定找一个稳妥的地方重新建立首都。他看中的新首都所在地叫殷(今河南安阳),那里土地肥沃,植物茂盛,山林中有很多野兽,河中有大量鱼虾,是一块风水宝地。更重要的是,这个地方远离黄河岸边,没有水患的侵扰。盘庚决定将首都搬迁到这个地方。他的命令刚下达,就遭到了守旧贵族们的极力反对;盘庚没有退缩,他发布诰令,命令贵族们必须服从。在盘庚的铁腕手段下,最终商王朝的首都迁到了殷,史称"盘庚迁殷"。殷作为商王朝的首都确定了下来,所以商也被称为"殷商"。

盘庚迁殷后,商王朝王室内部的矛盾得到缓解,社会经济得到了很大发

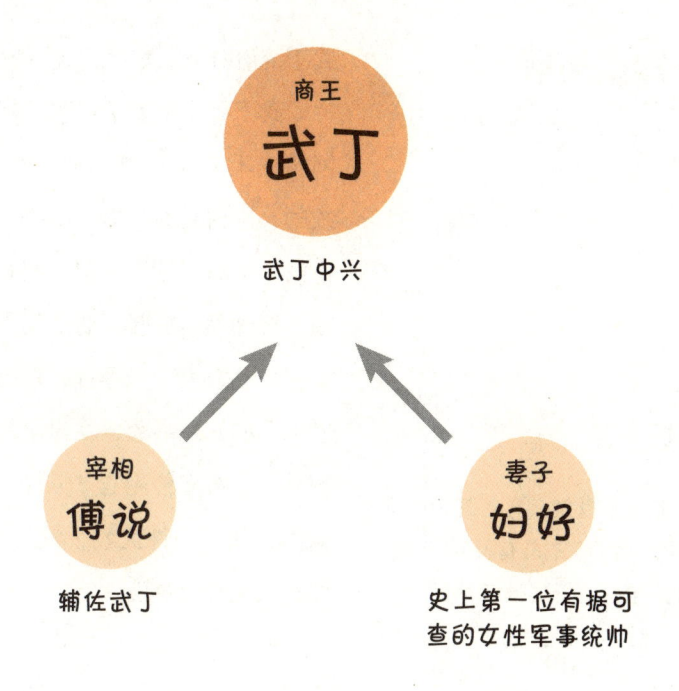

```
        商王
        武丁
       武丁中兴

  宰相            妻子
  傅说            妇好
 辅佐武丁      史上第一位有据可
              查的女性军事统帅
```

武丁中兴的关键人物

展,商王朝又重新步入正轨。由于盘庚遵循商汤的德政,天下的诸侯们又都来朝见了。

盘庚之后,因为后续的两任国君碌碌无为,商王朝又走向了衰败,直到武丁即位。武丁是盘庚的侄子,他即位后,励精图治,决意振兴商朝。他不拘一格,任用刑徒出身的傅说(yuè)担任宰相,辅佐朝政。傅说尽力辅佐武丁,将商朝治理得井井有条。

武丁是一位杰出的军事统帅,在他执政期间,商王朝开疆拓土。他先后率兵征服了朔方和土方,用3年的时间平定了鬼方,派兵击败了羌方,并亲自率兵南征,深入荆楚之地。武丁对周边方国、部族的战争,拓展了商朝版图和势力范围,促进了中原地区与周边部族的经济、文化交流,使商朝成为西起甘肃,东至海滨,北及大漠,南逾江汉流域,包含众多部族的泱泱大国。

知识拓展

君子恶居下流

历史上关于夏桀、商纣的记载极其相似，他们真的都有那么坏吗？孔子的学生子贡对此有所怀疑，他说："纣之不善，不如是之甚也。是以君子恶居下流，天下之恶皆归焉。"子贡认为，纣肯定有错，但他的错未必就如传说中的这么严重，所以君子要洁身自好，不要沾染污迹，否则天下的坏事都要算到他的账上，怎么都洗不清。

武丁统治时期被称为"武丁中兴"。

武丁有一个妻子名叫妇好，她是中国历史上有据可查的第一位女性军事统帅，同时也是一位杰出的女政治家。根据出土的甲骨文记载，妇好曾亲自率军，帮助武丁征服了商王朝周边的很多方国。1976年，在河南安阳小屯西北发现了妇好的墓葬，在出土的众多随葬物品中，有多件刻有"妇好"铭文的青铜器，其中一件武器"钺"，证明了妇好军队统帅的身份。

商朝的灭亡

武丁死后，他开创的商朝盛世并没有长久地延续下去，到了帝辛时代，商王朝走向了最终的灭亡。

"帝辛"这个名字，很多人并不熟悉，他有另外一个世人皆知的名字——纣王。看过小说《封神演义》的人都知道，纣王是出了名的暴君。《史记·殷本纪》记载，纣王以酒为池，悬肉为林，日夜饮酒作乐，史称"酒池肉林"。

建立者：汤
建立时间：约公元前1600年
关键战役：鸣条之战
重要事件：①盘庚迁殷；②武丁中兴。
最后一任王：纣
灭亡时间：公元前1046年

商朝始末

纣王天资聪慧，他能文能武，且口才极好。面对臣子们的进谏，纣王能反驳得他们哑口无言。另外，纣王的力气很大，能徒手与野兽搏斗。然而正是这样一个看似英明神武的人，最终让商王朝走向了覆灭。

据说，这一切都与他宠爱美女妲己有关。自从得到妲己后，纣王一切都听从妲己的。为了满足自己和妲己的私欲，纣王命人建造了一座豪华的鹿台，鹿台中聚集了天下各种奇珍异宝，纣王和妲己每日在鹿台饮酒作乐，不理朝政。

一些大臣对纣王进行了规劝，纣王很不高兴，一一给他们治罪。妲己给他出了一个主意：命人在架立的铜柱上涂抹膏状物，下面烧旺炭火，然后强迫犯人在铜柱上行走；铜柱滚烫，犯人脚烫一滑，就会掉进炭火中被烧死。纣王用这种残酷的"炮烙之刑"，对付进谏者和反对他的人。而丞相比干因为劝谏，惹恼了纣王，被纣王剖胸挖心。

纣王常年在鹿台寻欢作乐，闭户举烛，日以继夜，每天过着奢靡无度的生活，甚至连什么日子都忘了。身边的人每日跟着纣王作乐，也不记得日期。于是纣王派人去问自己的叔父箕子，箕子感叹道："为天下之主而使一国都忘记日期，天下就危险了。一国都不知而只有我知道，那我就危险了。"于是箕子带着历代商王的牌位，逃亡他乡。

纣王的倒行逆施，导致了天下的反叛，最终周武王伐纣，灭掉了商朝，而纣王本人也自焚于鹿台。

在大多数的历史记载中，纣王沉湎酒色，穷兵黩武，重刑厚敛，拒谏饰非，是与夏桀并称"桀纣"的典型暴君。不过到了近代，有不少的历史学家却不这么看，他们认为纣王并不是暴君，很多罪名都是后世强加到他身上的，只是为了塑造一个反面的典型。周王朝建立后，出于政治的需要，也必须极度丑化纣王，不断地往他身上泼脏水；后续王朝延续了周朝的说法，并且不断演绎，添油加醋。

历史的真相到底如何，已经不得而知了。纣王的是非功过，也随着商王朝的覆灭，湮没在历史的尘埃中。

03 武王伐纣与周公辅政

> 武王伐纣是中华文明史上的一次伟大革命，成为商衰周兴的转折点。

商朝末年，随着商王朝的衰败，位于陕西渭水流域周原一带的周部族，在其首领周文王和周武王的率领下，不断开疆拓土，发展壮大，成为一股新兴的力量。旧的力量衰弱，新的势力崛起，这是历史的必然规律。周部族在周武王的率领下，发动了讨伐商纣王的战争，并最终在牧野之战中击败商军，纣王自焚而死，商朝灭亡。这一历史事件被称为"武王伐纣"。周朝取代商朝，定都镐京，史称西周。

知识拓展

文王拘而演《周易》

据说周文王姬昌被纣王囚禁后,做不了别的事情,就专心研究八卦,从而演出六十四卦,这也是《周易》的起源。司马迁认为,历史上很多名著,都是作者受到挫折和屈辱后发愤而作的,"盖文王拘而演《周易》;仲尼厄而作《春秋》;屈原放逐,乃赋《离骚》;左丘失明,厥有《国语》……"受到这种精神的感召,司马迁写出了《史记》。

武王伐纣

在说周武王之前,得先说说他的父亲周文王。科学家牛顿曾打过一个比方,自己之所以能取得成就,是因为"站在巨人的肩膀上"。用这句话来形容周武王,也是十分合适的。周武王之所以能灭掉商朝,是因为周文王为他打下了良好的基础,周武王是站在周文王这位巨人的肩膀上,建立周王朝的。

周文王名叫姬昌,又称周侯、西伯、姬伯。姬昌的父亲季历,也是一位杰出的领导者,周部族的地盘大多是他通过对周边戎狄部落的一系列战争夺取的。周部族势力的不断壮大,引起了商王文丁的恐慌。为了遏制周部族的发展,商王以封赏的名义,把季历骗到了殷都,名义上封他为西方诸侯之长的"牧师",实际上却将他软禁起来,并最终杀害了他。

姬昌继位后,勤于政事,广招人才,天下很多贤能之士都纷纷投奔他。姬昌还擅长占卜之术。有一次他出门狩猎之前，占了一卦，卦辞说："所得猎物非龙非螭（chī），非虎非熊；所得乃是成就霸王之业的辅臣。"果然，这次狩猎中，姬昌在渭河北岸遇到了一个叫姜尚的人。姬昌和姜尚交谈后，发现这个人是不世之才，于是激动地对姜尚说："我国先君太公曾说：'定有圣人来周，周会因此兴旺。'说的就是您吧？我们太公盼望您已经很久了。"这位姜尚，就是后来辅助周武王伐纣成功的姜子牙。

姬昌在姜尚的辅佐下，发展生产，整肃军队，实力大增。再加上姬昌本人性格温和，广施仁义，很多诸侯弃商朝而去，纷纷归附到他的旗下。当时天下九州，归附姬昌的有六州之众。周部族的不断壮大，引起了商王朝的恐慌，商纣王故技重施，把姬昌骗到朝歌，将他囚禁在羑（yǒu）里（古地名，在今河南安阳汤阴县北）长达7年之久。

姬昌被囚，周部族失去了主心骨。大臣散宜生想了一个办法，他花重金购得了很多奇珍异宝和美女送给纣王，以换取纣王释放姬昌。纣王一见到美女，就高兴地说："送美女就够了，何况还有这么多宝物！"于是，纣王下令释放姬昌，并赐给他象征征伐大权的弓矢和斧钺。归来后的周文王一面继续臣服于商王朝，一面利用纣赐给他的征伐大权开始武力征讨。他先消除了来自西方的威胁，巩固了后方，然后灭掉了商王朝在西部地区的属国和屏障崇国（今河南嵩县以西）。之后周文王将国都迁到了沣河西岸，建立了丰邑（今属陕西西安长安区）。迁都丰邑之后的第二年，周文王去世了。

周文王死后，姬发即位，是为周武王。即位第二年，周武王就决定发兵攻打商朝。大军到达黄河南岸的孟津时，天下诸侯纷纷响应，表示要在周武王的带领下向朝歌进军，讨伐纣王。但是周武王的谋士姜尚认为，当时时机还不成熟，于是在军队渡过黄河后，周武王又下令全军返回。这场灭商之前的预演，史称"孟津观兵"。

在姜尚看来，虽然此时纣王已经是天怒人怨了，但商王朝的实力还很强，周并没有十足把握取胜。周武王一面加紧练兵，一面不断派人去打听纣王的情况，直到听说纣王的丞相比干被剖胸挖心，普通老百姓都不敢发出怨言了。周武王和姜尚认为，商王朝真的已经到了分崩离析、众叛亲离的地步，这才发兵征讨纣王。

这场决定周王朝建立、商王朝灭亡的战争发生在牧野（今河南省新乡市一带），史称牧野之战。周武王一方因为做了充足的准备，部队势如破竹。反观纣王这一方，军队都被派出去征讨东夷部族了，根本就没有做什么准备。无奈之下，纣王只好将十几万奴隶武装起来，匆忙送往战场。这些奴隶平时饱受纣王的虐待，在面对周军的时候，他们选择了倒戈。战争的胜负已经注定，周武王很快攻进了朝歌，纣王在鹿台自焚而死。

西 周的分封制

周王朝虽然建立了，但它所面临的形势是相当严峻的。周武王所率领的周部族原本是个小部族，是依靠天下各部族的支持才推翻商朝统治的，在继承了商王朝大片的疆域后，如果没有合理的利益分配，其他部族说不定哪天就会发动叛乱。

迫于形势的需要，为了巩固政权，延续周王朝的统治，周武王决定实行分封制。他按照功劳大小进行封赏，调整了统治集团的内部关系，实行以周王室为中心，分封天下诸侯的政治制度。那些帮助周武王夺取天下的功臣们，如姜尚、周公旦、召公奭（shì）等人，均被分封为大的诸侯。为了控制广阔的新征服的地区，周武王又把跟随他推翻商朝的各部族首领，分封到各地做诸侯，建立诸侯国。最终，就像切蛋糕一样，天下被分封为鲁、齐、燕、卫、宋、晋、虢等71个诸侯国。姜尚的功劳最大，被分封到了东海之滨的齐国。甚至连某些商朝的遗臣，周武王也会给他一块封地，如纣王的哥哥微子就被

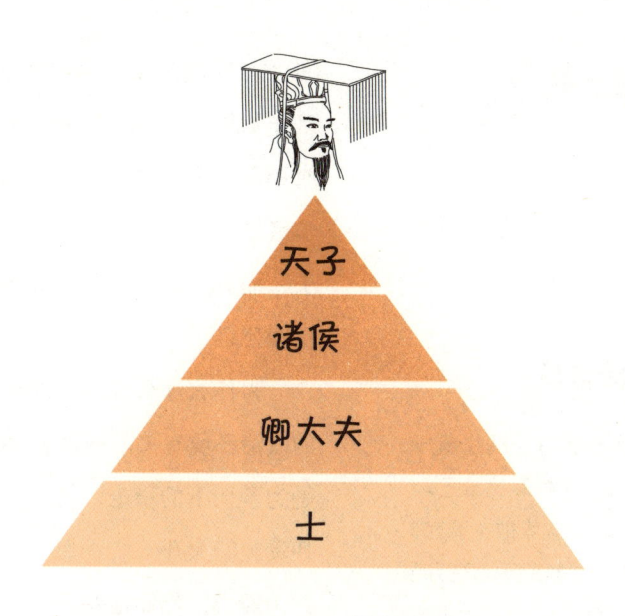

周王朝的贵族等级

封到了宋国。

　　为了维护统治,周武王规定:诸侯必须服从周天子的命令;诸侯有为周天子镇守疆土、随从作战、交纳贡赋和朝觐述职的义务;诸侯要治理诸侯国,保卫国家。同时,诸侯在自己的封疆内,又对卿大夫实行再分封,卿大夫再将土地和人民分赐给士;卿大夫和士也要向上一级承担作战等义务。他们成为周王朝的贵族集团。

周公辅政

　　周武王建立周朝 2 年后就病死了,他 13 岁的儿子姬诵继承王位,史称周成王。此时,周王朝的统治并不稳固,因此周武王临死前,指定自己的弟弟

知识拓展

周公恐惧流言日

周公旦尽心尽力地辅佐周成王。但是管叔、蔡叔等见成王年幼，欲图谋不轨，故意散布流言，说周公要篡位。很多人因此质疑周公，成王也起了疑心，幸好后来事实证明了周公的忠诚。诗人白居易因此感慨识人之难，他说："赠君一法决狐疑，不用钻龟与祝蓍（shī）。试玉要烧三日满，辨材须待七年期。周公恐惧流言日，王莽谦恭未篡时。向使当初身便死，一生真伪复谁知？"意思是说，检验一块玉的真假，要烧三天，判断树木是否成材要等七年后长成，所以时间才是检验一个人真伪的最高标准；假如周公在流言盛行时病亡，那就真说不清楚他到底是忠臣还是奸臣了！

周公旦辅助成王掌管国家大事。周公旦作为周王朝建立初期实际的掌控者，对周朝的稳定做出了重大贡献。有的学者这么认为，周朝的建立者是周武王，而真正让周王朝统治延续下去的，是周公旦。

为什么这么说呢？这与周朝建立后的政治环境有关。虽然商朝覆灭了，但是为了天下的稳定，周武王并没有对商朝贵族们大开杀戒。纣王的儿子武庚被封为殷侯，然而他并不甘心商王朝的覆灭，他不断积蓄力量，试图重新恢复商王朝的统治。周王朝内部很多贵族对于分封的大小等问题，并不满意，尤其以周武王的弟弟管叔和蔡叔为首，他们不仅和殷商的旧贵族狼狈为奸，还煽动东夷的部落发动叛乱。周王朝自建立开始，就陷入危机四伏的状态。

周朝建立后，周公旦的封地在鲁国，因为周武王指定周公旦辅佐自己的儿子，所以周公旦并不能前往封地就职，只能派自己的儿子伯禽去鲁国做国君。

伯禽临走时，问父亲有什么要嘱咐的。

周公旦问："我是文王的儿子，武

王的弟弟，当今天子的叔叔，你说我的地位怎么样？"

伯禽回答："无比尊贵！"

周公旦却说："是啊，我的地位是无比尊贵的。但是我每次洗头发的时候，一碰到急事，就马上停止洗发，把头发握在手里去办事；每次吃饭的时候，听说有人求见，我就把来不及咽下的饭菜吐出来，去接见那些求见的人。我这样做，还怕天下的人才不肯到我这儿来呢。你到了鲁国，不过是个国君，一定不能骄傲自大啊！"

这就是"一沐三捉发，一饭三吐哺"的故事。曹操的诗句"周公吐哺，天下归心"，说的就是这个典故。在周公旦的辅佐下，周朝度过了危机四伏的开国时期。他先是率兵平定了武庚、蔡叔和管叔等人的叛乱。在平定叛乱之后，为了加强对东方的控制，周公旦将西周的国都迁到了洛邑（今河南洛阳）。迁都洛邑后，周公旦召集天下诸侯举行盛大庆典，在这里正式册封天下诸侯，并且宣布各种典章制度，谋划周王朝的长治久安。周公旦所创立的这套制度，被称为周礼。《诗经》："溥天之下，莫非王土；率土之滨，莫非王臣。"称颂的就是周公旦建立周礼制度后，四海安定、天下太平的景象。

周公旦摄政6年，在周成王长大后，将大权还到成王的手中。在还政之前，周公旦写了一篇叫《无逸》的文章献给成王。在这篇文章中，周公旦以殷商的灭亡为前车之鉴，告诫成王要知"稼穑之艰难"，不要纵情于声色、安逸、游玩和畋猎。

汉朝的政治家贾谊这样评价周公旦："文王有大德而功未就，武王有大功而治未成，周公集大德大功大治于一身。孔子之前，黄帝之后，于中国有大关系者，周公一人而已。"春秋之后，周公旦就被历代统治者和学者视为圣人，他也是孔子最崇敬的人，《论语》中孔子有云："甚矣吾衰也！久矣吾不复梦见周公。"

综观历史，周公旦在巩固与发展周朝统治上起了关键作用，对中国历史的发展也产生了深远的影响。

04
西周与东周的更替

> 西周、东周是后世史学家为了区别周王朝两个阶段而划分的,划分的依据是都城的地理位置。

关于武王伐纣、周取代商这一历史事件,民间有这样一个传说:周文王当初邀请姜子牙出山,帮助其兴周灭商,姜子牙提出的条件就是,让周文王亲自为他拉车。求贤若渴的周文王二话不说,把姜子牙请上车后,拉起车就走。周文王拉车走的步数代表周王朝能存在的年数。其中,周文王自己拉车走的步数代表西周统治的年数;后面由于周文王体力不支,臣子们就帮着他推车,这对应的是东周统治的年数。这个故事虽然荒诞不经,但它很巧妙地把西周和东周的更替,暗藏其中,说得很是形象生动。

西周的灭亡

西周的灭亡，要从公元前841年发生的一件事情说起。此时的周王朝处于周厉王的统治之下。周厉王是西周的第10位君主，这个人很贪，作为天子，他拥有天下，但他对财富有着变态般的占有欲。他颁布命令，规定天下的山林湖泽都是王室的私有财产，禁止国人进入。国人是西周时对居住在国都的人的通称，因为周厉王的命令，这些人不能进入山林狩猎、去河里捕鱼。这项政策触犯了当时国人的利益，国人因此对周厉王产生怨恨。召穆公劝谏说："百姓不能忍受暴虐的政令，已经在私底下纷纷议论并诅咒你了。"周厉王听到后，不仅没有反思，还命人监督国人，禁止国人谈论国事，违者杀无赦。

在周厉王的高压政策下，国人不敢再公开议论朝政，批评周厉王。人们在路上碰到熟人，也不敢交谈、打招呼，只用眼神示意一下，然后匆匆地走开，这就是典故"道路以目"。对此，周厉王很满意，他对召穆公说："我有能力制止人们的非议，他们再也不敢议论了！"

召穆公不以为然，对周厉王说："是障之也！防民之口，甚于防川，川壅（yōng）而溃，伤人必多，民亦如之。是故为川者，决之使导；为民者，宣之使言。"意思是说，这是用强制的手段来堵住民众的嘴啊！这样堵住人们的嘴，就像堵住了一条河。河一旦决口，就会造成灭顶之灾。人们的嘴被堵住了，带来的危害远甚于河水！治水要采用疏导的办法，治民要让天下人畅所欲言。

周厉王没有听从召穆公的进谏，最终自食恶果。居住在国都的人们集结起来，手持棍棒和农具，围攻王宫，要杀掉周厉王。周厉王下令镇压，却无兵可派，因为在周朝国都，国人就是兵，兵就是国人，国人都暴动了，哪有

知识拓展

西周和东周名称的由来

公元前1046年，周武王建立周朝，定都镐京（今陕西西安）。到了公元前771年，也就是"烽火戏诸侯"故事发生的这一年，犬戎族攻入镐京，周幽王身死。第二年，周平王迁都洛邑。（今河南洛阳）

镐京在西，洛邑在东，为了区别，后世历史学家称都城在镐京的时期为西周，都成在洛邑的时期为东周。类似的还有后世的西汉和东汉：西汉都城长安，偏西；东汉都城洛阳，偏东。

什么兵可以调集！就这样，周厉王被赶出了国都，这件事史称"国人暴动"。

国人暴动后，虽然通过周公定和召穆公的调解，国人平息了愤怒，这件事得以解决，但周厉王却回不来了。于是，在贵族们的推举下，周公定和召穆公暂时代理政事，这种政体，称为共和，史称"周召共和"。由于周朝是一个由原始部落社会进入文明社会不久的国家，原来部落的普通成员转变的国人，是维持周朝统治的根基。国人暴动导致了上层贵族与平民阶层之间的分裂，因而极大地削弱了西周王朝的统治基础，周王室从此日趋衰微，逐渐出现了分崩离析的局面。

到了周幽王统治时期，贵族阶层越来越腐败，各种社会矛盾激化，西周王朝已经处在风雨飘摇之中。而最终葬送西周王朝的是昏聩无能的周幽王。

周幽王宠爱一个叫褒姒（bāo sì）的妃子。褒姒不爱笑，周幽王想尽了各种办法去逗她笑，但都没有成功。那时，为了军事上的信息传递，朝廷在关隘之地设置了很多烽火台，当有敌人入侵时，就点燃烽火召集援兵。有一次，周幽王点燃烽火，诸侯都率兵赶来救援，到了之后却发现没有敌人，褒姒看到诸侯惊慌失措的样子，哈哈大笑起来。周幽王非常高兴，此后多次点燃烽火，只为博褒姒一笑。

因为宠爱褒姒，周幽王废掉了王后申后和太子姬宜臼（jiù），改立褒姒为王后，立褒姒所生之子姬伯服为太子。申后的父亲申侯大为愤怒，联合缯国、西夷犬戎攻打周幽王。这次敌人真的入侵了，周幽王点燃了烽火，可诸侯们因为多次被戏弄，不再相信烽火是在传递敌情，便没有前往救援。就这样，周幽王在骊山脚下被杀。

名存实亡的东周

周幽王被杀后，太子姬宜臼的外公申侯联合诸侯，拥立其即位，史称周平王。此时的镐京经历战火，早已残破不堪，无奈之下，周平王只能迁都洛邑，史称"平王东迁"。平王东迁标志着东周的建立及春秋时代的开始。

以虢公翰为首的另外一些诸侯，认为姬宜臼与周幽王的死有关，便拥立了他的弟弟姬余臣为王，史称周携王。东周刚一建立，就进入了"二王并立"的时代，周王室的影响力急剧衰退。周平王毕竟是嫡长子，继承王位名正言顺，因此他得到了更多强大诸侯国的拥护，被视作周王室的正统。不过仅凭他自己的力量，无法解决同时有两个周王存在的问题。

直到后来，晋国国君晋文侯为了捞取政治资本，帮助周平王出兵杀掉了周携王，晋国不仅获得了勤王的美名，还在周平王的默许下获取了一大片土地，实力大增。

秦国也是此次动乱中获利的一方。因为周平王东迁，原本周王室在西边的地盘又被秦国从犬戎等部落的手中夺了回来，不过已经不可能还给周王室了。秦国闷声发大财，从一个小国变成西方强国。

知识拓展

多行不义必自毙

"多行不义必自毙"出自《左传》。郑国国君郑庄公未即位前，一直受到母亲和弟弟段的排挤，因为母亲想让段做国君。后来庄公即位，母亲要求庄公把京邑作为段的封地，庄公同意了。大臣纷纷劝阻说，京邑比都城还大，段恐怕会据城叛乱。郑庄公回答："多行不义必自毙，子姑待之。"意思是，坏事做多了，必将自取灭亡，你们且等着看吧。果然，后来段起兵叛乱，被庄公迅速平定。

东周建立后，周天子还是名义上的天下之主，但因为地盘小，实力弱，实际上已经没什么话语权了。久而久之，天下的诸侯们也就不把周天子放在眼中。

众所周知，东周的历史可以分为两段，春秋和战国。公元前770年至公元前476年，这段历史时期被称为春秋时期；公元前475年到公元前221年，这段时期被称为战国时期。一般认为，春秋时期开始的标志是所谓的"礼崩乐坏"，这得从第一个向周天子发出挑战的"春秋小霸"郑庄公说起。

郑庄公在位时，郑国兵强马壮，到处征战。周天子为了显示自己的老大身份，就把郑庄公在朝廷的官职给免了。郑庄公不满，就不再朝见周天子，并出兵威胁周王室，周王室打不过，无奈之下，只能和郑国交换人质，天子的权威扫地。然而周天子咽不下这口气，不久后率领周军讨伐郑国，结果周军大败，周天子本人还被郑国的将军射中了肩膀，差点丢掉性命。堂堂天子，被诸侯所伤，也只能忍气吞声。自此之后，周王室从天下之主，变成了天下看客，眼瞅着天下诸侯相互征战，还得防备着哪

建立者：周武王（姬发）
建立时间：公元前1046年
关键战役：牧野之战
重要知识点：①实行分封制，让宗亲和功臣建立诸侯国；
②公元前841年，国人暴动；
③分为西周和东周（以公元前771年周幽王被灭、周平王东迁为标志性事件）。

关于周朝

个诸侯杀得兴起，把周王室也给解决了。

礼崩乐坏的春秋时期结束后，东周迎来了群雄逐鹿的战国时期。此时的诸侯国，经过数百年你死我活的较量，大鱼吃小鱼，只剩下几个实力强大的诸侯国了。而且这些诸侯国的国君纷纷称王，完全不把周王室放在眼里。

公元前367年，赵国和韩国率兵攻入周王室境内，把东周王室最后的地盘又一分为二，东周被分为东周公国和西周公国，周天子都只能寄居在东周公国。

公元前307年，秦武王率兵来到东周公国，让当时的周天子周赧（nǎn）王把象征天下的九鼎给自己玩玩，周赧王拒绝，于是秦武王把周赧王赶到了西周公国，周天子最后的颜面也丢掉了。

公元前256年，秦国攻入洛邑，西周公投降，周赧王病逝，无人继承周天子之位，周朝灭亡。

单元总结

重要人物

1 关龙逄 千古谏臣

关龙逄是夏桀王时期的宰相。桀王荒淫暴虐，关龙逄犯颜直谏，桀王一怒之下将他杀了。这是中国历史上记载的第一位因进谏而死的臣子，他也因此成为后世谏臣的典范。

2 伊尹 厨子名相

伊尹出身低贱，母亲是采桑养蚕的奴隶。伊尹出生后养于厨子之家，但他从小聪明好学，不仅学得一手高超的烹饪技艺，而且非常有学问。后来他辅佐商汤打败了夏桀，成为商朝开国功臣、一代名相。同时他因高超的烹饪之术，被后世尊为"厨圣"。

3 仲虺 商初名相

仲虺是贵族出身,原是薛地的首领,任姓,薛氏,也是后世薛姓的始祖。仲虺辅佐商汤建立商朝,和伊尹分任左右相,是商朝初期杰出的政治家。

4 比干 亘古忠臣

比干是商纣王的叔父(也有说是兄弟),因封于比邑(今山西汾阳),故称比干。纣王沉迷于酒色,荒废朝政,比干苦谏未果,反被纣王剖心而死。后世常将比干和关龙逄并称。

5 傅说 苦力圣人

傅说早期是做苦力的奴隶,他在傅岩(今山西平陆东)这个地方筑墙,因而以傅为姓,是后世傅氏的始祖。后来傅说辅佐武丁中兴,成为杰出的政治家、军事家,被尊为"圣人"。他的名句"知之非艰,行之惟艰",意思跟《尚书》所述"知易行难"类似。

6 姜尚 愿者上钩

姜尚即姜子牙,也称姜太公。据说姜尚很有本事,但是一生寒微,到70岁了还一事无成。直到遇上周文王,辅佐周文王父子伐商建周,立下不世功勋,被封齐国,因此姜尚也成了齐国的缔造者。典故"姜太公钓鱼,愿者上钩",说的就是姜尚与周文王相遇的故事。

生产技术的进步,使华夏大地上的先民们逐渐从愚昧走向文明。

第三章

春秋战国的剧变

01
春秋五霸

齐桓公

晋文公

楚庄王

> "春秋五霸"是后人对春秋时期诸侯国中能力较强、实力较大，对历史影响较深远的五位国君的合称。

宋襄公

秦穆公

春秋时期，周王室日渐衰微，周天子的号召力大不如前，已经无法有效控制天下的诸侯，中央的权威也无从谈起。权力的真空，让一些实力较强的诸侯国看到了"问鼎天下"的机会，他们之间展开了激烈的争霸之战，为了权力和地盘相互攻战，一时间天下大乱。

在诸侯国的争霸之战中，有五位领导人物脱颖而出，被称为"春秋五霸"。关于五霸到底是哪五个人，史书上的记载有不同的版本，我们一般采信唐代司马贞《史记索隐》中的说法，他们分别是齐桓公、晋文公、秦穆公、楚庄王和宋襄公。

尊 王攘夷的齐桓公

春秋五霸中，第一位登场的是齐桓公。

齐国是西周建立时，周武王分封给手下第一谋士、功臣姜子牙的地盘。齐桓公吕氏姜姓，名小白，是姜子牙的第12代孙，齐僖公的第三个儿子。按照长幼有序的规则，在齐僖公死后，姜小白的大哥姜诸儿登上了国君的宝座，史称齐襄公。这位齐襄公是一个荒淫无道的人，因为家庭丑闻杀害了鲁桓公，又因为一些儿时的私怨，以会盟的名义设伏兵杀掉了郑国的国君郑子亹（wěi）。

虽然春秋时期各国征战不断，但这种通过谋杀手段杀掉他国国君的事，实在是骇人听闻。很快，天下的诸侯国联合起来对抗齐国，齐国国内也因为齐襄公的残暴和无能，内斗不断。在这种内忧外患下，姜小白在谋士鲍叔牙的保护下逃离齐国，去往了莒（jǔ）国；姜小白的二哥公子纠也在谋士管仲的保护下，逃去了鲁国。

齐襄公的荒淫残暴最终给自己带来了灭顶之灾，齐国贵族公孙无知发动政变，杀死了齐襄公，自立为齐国国君。但公孙无知还没把国君的宝座焐热，就被手下的大臣发动叛乱杀死了，一时间，齐国群龙无首。大臣们一商议，齐国没有国君不行啊，得从流亡的公子中请一个回来，于是有的大臣通知了姜小白，有的大臣通知了公子纠，"赶紧回来吧！谁先到，谁就是国君！"一场争夺国君之位的"跑步比赛"开始了。

"一号选手"姜小白比"二号选手"公子纠先听到风声，因为他提前就知道了公孙无知被杀的消息，再加上他所在的莒国离齐国国都近、路程短，回国有优势。不过公子纠也不是吃素的，哪怕得到消息较晚、路程较远，但这都不是问题，最好的办法就是解决威胁自己做国君的人。再说，鲁国的实力远强于莒国，鲁国为了利益，极力推公子纠上位，于是鲁国不顾"比赛规则"，让管仲带兵在半道上截杀姜小白，以彻底解决问题。

原本这个办法是万无一失的，管仲也一箭射中了姜小白，但他犯了一个致命的疏忽——没有"补刀"。管仲的那一箭射中的是姜小白的带钩，姜小白急中生智，当即倒下装死迷惑管仲。管仲以为姜小白死了，便派人报告给公子纠，公子纠一听，高兴坏了，慢慢悠悠地往齐国走，走了6天才到达齐国。等到齐国一看，他顿时傻眼了，"假死"逃脱的姜小白早就马不停蹄地赶回了齐国，当上了国君。公子纠和管仲只好逃回鲁国。

齐桓公即位后，第一件事就是要报管仲的一箭之仇，公子纠什么的都不重要了，鲁国人如果懂事，就会替自己杀了他。碍于齐国的强大实力，鲁国杀死了公子纠，并把管仲抓起来送给了齐桓公。

"你也有今天！"一见到管仲，齐桓公就非常生气。这时，齐桓公的近臣鲍叔牙站了出来，他问齐桓公："您是想当个普通的齐国国君呢，还是想成就天下霸业？如果您只想当个普通国君，那有我和高傒（xī）辅佐就足够了；如果您想成为天下的霸主，就必须重用管仲。"

齐桓公选择了后者，他听从鲍叔牙的建议，放下了"一箭之仇"，任命管仲为国相，从此开启了霸主之路。而鲍叔牙和管仲的情谊，也为后世称颂，被誉为"管鲍之交"。

管仲是春秋时期杰出的政治家，也是一位改革家，他在当上齐国国相后，开展了一系列的改革。在政治方面，他首先对齐国的行政管理系统进行了全面整顿，加强了中央对地方的控制，并对官员实行严格的考核制度，根据其实际政绩进行奖惩。经济方面，管仲很会理财，他根据齐国实际情况，大力发展冶铁和制盐，将铁和盐卖给其他诸侯国来获利。很快，齐国就积累了大量的财富。财富的积累，让齐国有大量的资金投入到军事建设上，再加上管仲改革了军事编制，一时间，齐国成为天下诸侯中综合国力最强的国家。

实力强大的齐国，接下来的路该怎么走？取代周天子的统治？这不可能，齐国凭实力在诸侯国中足够当老大，但并不能统一天下。这个老大应该怎么当？管仲给齐桓公出的主意是"尊王攘夷"，所谓尊王攘夷，就是以诸侯长的身份，挟天子以伐不敬。具体的操作就是，周天子还是名义上天下的老大，但齐桓公是诸侯国的老大，诸侯国有什么争端，周天子委托齐桓公全权解决。比如，燕国被山戎打了，齐国出兵帮燕国；楚国对周天子不敬，齐国逼迫楚国向周天子"道歉"；甚至周天子想换个人当太子，这事都得找齐桓公商量。

公元前651年，齐桓公召集鲁、宋、卫、郑、许、曹等国的国君，在葵丘举行会盟，周天子也派人参加了，这表明周王室已经公开承认了齐桓公天下霸主的地位。葵丘会盟是齐桓公多次召集诸侯会盟中最盛大的一次，标志着齐桓公的霸业达到了顶峰。

齐桓公的霸业是依靠管仲辅佐成就的，这一点毋庸置疑。他的霸业，也随着管仲的去世走向了分崩离析。管仲临死时，齐桓公问他："谁可以接你的班？"管仲不说话。齐桓公问："易

知识拓展

九合诸侯，一匡天下

这句话出自《史记》："兵车之会三，乘车之会六。九合诸侯，一匡天下。"指的就是齐桓公称霸的故事。兵车之会，是与战争相关的武装会议；乘车之会，是和平会谈。齐桓公一共发起了9次诸侯会盟，其中3次与征讨有关，6次是和平会谈，天下因此得以安定。

《论语》中也说齐桓公："九合诸侯，不以兵车。"赞扬齐桓公之所以能得到诸侯的认可，靠的并不是战争和武力。

牙怎么样？"管仲反对，他认为能把自己的幼子杀了做成菜讨好君王的易牙不是好人，不能任用。齐桓公又问："开方怎么样？"管仲也反对，他认为开方不惜背弃自己的亲人讨好君主，不可信。齐桓公接着问："竖刁如何？"管仲说："挥刀自宫以亲近君王，不符合人情。"齐桓公最后问："常之巫呢？"管仲对这个巫师神棍更没有好感，也表示了坚决反对。然而，齐桓公并没有听从管仲的临死之谏，在管仲死后，他依然宠信、重用这四人，最终招来大祸。

晚年的齐桓公，重用易牙、竖刁等佞臣。等到齐桓公病重的时候，他的五个儿子为了国君之位，打得不可开交，易牙、竖刁拥立公子无亏，为了帮助其叛乱，易牙等人将齐桓公关在王宫之内，不准任何人进入，还不给他送食物和水。又渴又饿的齐桓公就这样被困死在王宫之中，等到内乱结束，众人打开王宫时，齐桓公的尸体已经腐烂生蛆，一代霸主竟落得了这样凄惨的下场。

大器晚成的晋文公

春秋五霸中，第二个在诸侯中称霸的是晋文公。

晋文公，晋氏姬姓，名重耳。他在历史上与齐桓公齐名，并称齐桓晋文，是后世公认的最名副其实的两个霸主。重耳是晋献公的第二个儿子，原本晋国的国君之位轮不到他，但因为他父亲晋献公宠爱一个叫骊姬的女人，一切都发生了改变。骊姬是骊戎首领的女儿，作为俘虏她成了晋献公的妃子，并生下了儿子奚齐。

骊姬一心想让自己的儿子奚齐成为太子，将来当晋国的国君。此时，晋献公已经立了长子申生为太子。申生是晋献公与父亲的妃子齐姜私通所生，虽然晋献公并不喜欢他，但出于长幼有序的考虑，晋献公还是选择立他为太子，当然，还有一个缘故是齐姜是齐桓公的女儿，她的背后是实力强大的齐国。齐姜死后，骊姬得宠，她一心想让自己的儿子奚齐取代申生，于是玩了一个阴谋，对申生说："国君昨晚上梦见你母亲了，你一定要赶紧去祭祀她。"

申生不知是计，就去祭祀了母亲，并按照礼仪，将祭肉带回来准备献给晋献公。此时晋献公正在外面打猎，骊姬将祭肉收下，放了6天，等到晋献公打猎归来，骊姬将祭肉下毒后拿给晋献公吃。在吃之前，还假惺惺地牵来一只狗试毒，狗吃完祭肉被毒死了，骊姬哭着对晋献公说："太子想谋害您。"太子申生得知后，吓得跑到了新城。

按照正常的操作，此时的太子申生只要逃出晋国，以待时机就能逃过此劫，然而申生的"脑回路"明显不同于一般人。有人建议太子申生向国君申辩，太子申生回答说："如果申辩，骊姬肯定会被责罚。父亲老了，如果没有了骊姬，会吃不好，睡不好，所以我不能让父亲因此不快乐。"

有人建议他逃往他国，太子申生更是坚决拒绝，理由是："父王还没有明察到骊姬的罪过，我带着谋杀父亲的罪名出走，谁会接纳我呢？"就这样，太子申生用"异于常人"的逻辑坑死了自己，他选择了上吊自杀。

太子申生死后，骊姬开始诬陷晋献公的另外两个儿子重耳和夷吾，说他们参与了太子投毒的阴谋。重耳和夷吾也只能选择跑路，重耳逃亡到他母亲的故国狄国，夷吾逃去了梁国。然而，骊姬费尽心思到头来都是一场空。晋献公死后，在晋献公的葬礼上奚齐还未即位就被太子申生的旧臣诛杀，奚齐的弟弟卓子被立为国君。然后卓子王位还没坐稳，太子申生的旧臣又将他刺杀了，而这一切的始作俑者骊姬，也被太子申生的旧臣们活活鞭打至死。至此，晋国的骊姬之乱落幕，没有谁是最终的胜利者，只剩下空空的君王宝座。

在骊姬之乱后，谁来当晋国的君主成了问题，大臣们首先想到的是重耳，他们派使者迎接重耳回国登基，重耳却说："我违背父亲的命令逃亡，连父亲的葬礼都没参加，没有资格做你们的国君，你们另请高明吧。"

于是大臣们又去请夷吾，夷吾早就急不可待了，为了抢到这个位置，他甚至派人联络秦国，以割让河西之地来换取秦国的支持。就这样，夷吾当上了晋国国君，史称晋惠公。夷吾登基后，首先想到的是斩草除根，彻底清除王位的最后威胁，于是他派人追杀重耳，无奈之下，重耳只能逃离狄国，到处流浪。

晋惠公做了14年国君，死后他的儿子即位，即晋怀公。晋怀公在位期间，残暴无道，民心丧尽，大臣们决定还是迎回重耳，以取代晋怀公。此时的重耳，已经62岁了，可谓大器晚成。为了逃命，重耳先后依附过狄国、齐国、曹国、宋国、郑国、楚国，最终逃亡到了秦国。将近20年的流亡生涯，对重耳来说，不仅仅是苦难，更是磨炼。秦国之所以收留重耳，也是一种政治投资，因为当年夷吾为了登上王位，以河西之地许诺秦国，但夷吾即位后又出尔反尔，秦国很不满，所以选择扶持重耳。

晋文公即位后，励精图治，国力强盛。这时一次突发事件，让晋文公捷足先登，成了天下霸主。这件事就是周朝的王子带叛乱。王子带是周襄王的弟弟，他联合狄人，赶跑了周襄王，自立为王。周襄王无力夺回王位，就向天下的诸侯求援，当时实力最强的是秦国和晋国，秦穆公和晋文公都收到了周襄王的求救信。明显晋文公的政治敏锐性更强，用他的谋士赵衰的话说就是："诸侯争霸最好是拥护周天子，周王室与晋国同为姬姓，晋国如果不抢先护送周天子回京而落在秦国之后，就无法在天下发号施令，今天尊敬周襄王就是晋国称霸的资本。"

晋文公抢得先机，杀死了王子带，护送周襄王返回国都。勤王之功，让晋文公获得了很大的政治资本，但真正要称霸诸侯，他还必须战胜一个强大的对手，那就是楚国。

当时的天下，秦国、晋国和楚国都是大国。齐国自齐桓公死后，国力衰弱，无力与晋抗衡。秦国和晋国交好，被称为"秦晋之好"，所以晋国最大的敌人是楚国。楚国为了争霸，发动了对中原的战争，首选目标是宋国。宋国被楚军围困，向晋文公求援，于是晋文公派兵与楚军交锋，双方对峙于城濮（pú）。

晋文公早年到处流浪时，曾在楚国受到了楚王的热情款待。楚王问他："你以后要怎么报答我？"

重耳回答说："金银珠宝这些东西，你们楚国都有。如果我真能返晋，做了国君，将来我们两国若不幸要打仗的话，那我就退避楚军三舍。"舍是古代的长度单位，一舍是30里。这就是典故"退避三舍"。

果不其然，在城濮之战中，晋文公信守承诺，在遇到楚军后，就命令军队向后撤退了90里。楚军见晋军后退，以为晋军害怕了，马上发动了追击；晋军则利用楚军骄傲轻敌的弱点，诱敌深入，集中兵力，在城濮之战中大败楚军。

城濮之战后，晋文公在践土这个地方大会诸侯，参加会盟的有齐国、鲁国、宋国、蔡国、郑国、卫国等诸侯，周天子也派人参加了会盟，并给予晋文公象征权力的赏赐，以示尊重。就这样，晋文公成为天下霸主。

重耳62岁即位，即位之前一直颠沛流离，历经了各种苦难，所以他深知民间疾苦。重耳为人也很忠厚，很多

知识拓展

志在四方

在实现梦想的途中有时会动摇，其实是很正常的事情。当重耳流浪到齐国时，齐桓公热情招待他，还把宗室女齐姜（周时齐国为姜姓，宗室女子出嫁后泛称"齐姜"，这里的齐姜与晋献公的妃子齐姜不是同一人）嫁给重耳。很快重耳就沉迷于齐国给他提供的安乐生活里，再也不想奔波了。齐姜劝他："子有四方之志。"为了让重耳脱离安乐窝，齐姜把重耳灌醉，让重耳的追随者们趁机把他带走。这就是成语"志在四方"的最早出处。

人都愿意追随他，为他效力，甚至不求回报。在跟随重耳流亡的随从中，有一个叫介子推的人。据说有一次，重耳好几天没有吃饭了，眼看就要饿死，介子推从自己的大腿上割下一块肉来，做成肉羹给重耳吃。重耳即位后，介子推并不争功邀宠，而是带着母亲隐居到了绵山之中。晋文公亲自来到绵山，派人四处查访，却找不到介子推的踪影。为了逼迫介子推出来，无奈之下，晋文公让人放火烧山，结果介子推就是不出来，最终和母亲一起被烧死在山中。为了纪念介子推，晋文公下令，改绵山为介山，介子推去世的这一天，不准生火做饭，要吃冷食，这就是寒食节的由来。

在流亡途中，有一次重耳饥饿难耐，遇到几个农民便向他们讨要吃的。谁知农民从地上捡了一块泥土，递给重耳让他吃。重耳很生气，要杀死这些农民。他的手下赵衰连忙制止，并认为农民给他泥土，是将来他能获得国土的好兆头。重耳听完转怒为喜，恭敬地接受了那块泥土，并郑重地放在马车上，继续赶路。

由此可见，晋文公是一个仁厚的人，甚至与他同时代争霸的秦穆公，都认为晋文公是个仁者。而后世对晋文公的评价也很高，认为他是一个宽厚的长者，甚至对其形貌进行了神化，说他是"重瞳骈（pián）胁"。"重瞳"即目有双瞳，"骈胁"指肋骨紧密相连如一整体，这些都是古人认为的圣人之相。

独霸西戎的秦穆公

秦穆公是秦国的第九位国君，赵氏嬴姓，名任好，与晋文公是同时代的人。与晋文公同时代，是他的幸运，也是他的不幸，用"既生瑜何生亮"来形容这两个人，也不为过。因为晋文公，秦穆公晚称霸很多年；又因为晋文公治理下的晋国实力太过强大，秦穆公无力向东边发展，只能一个劲地往西边打，最终独霸西戎（先秦时对西方各部落的泛指）。

秦穆公是秦德公的小儿子。秦国在建立之初与中原诸侯国奉行的父死子继不同，他们搞的是兄终弟及。这与秦国所在的地理位置有关。秦国远离中原，位于周王朝的西面，跟秦国接壤的多数是少数民族，这些少数民族与秦国之间常年战乱不断。所以，秦国有一个强有力的君主很重要，如果让一个小孩子当上秦君，风险很大，所以在国君死后，若是儿子还小，往往是由弟弟继位。秦德公死后，他的长子秦宣公即位；秦宣公死后，王位又传给了弟弟秦成公；秦成公死后，则是弟弟秦穆公继位。

秦穆公即位后，认为要使秦国强大起来，就必须重用贤臣。秦国长年征战，武将很多，但贤臣却不好找。春秋战国时期，秦国的传统国策之一就是依靠"外援"，秦穆公也很快找到了这个外援，那就是百里奚。

百里奚原本是虞国的大臣。晋献公假途伐虢，灭掉了虞国，百里奚作为俘虏成为晋国的奴隶。晋献公把女儿嫁给了秦穆公（所以，秦穆公是晋文公的姐夫），百里奚又作为陪嫁的奴隶来到了秦国。不过百里奚并不想在蛮荒之地的秦国待，他又逃到了楚国。秦穆公听说百里奚是个人才，用5张黑羊皮从百里奚在楚国的主人手中买了百里奚，并任命他为大夫，所以百里奚也被称为"五羖（gǔ，公羊）大夫"。

在秦穆公的授意下，百里奚在秦国进行了一系列的改革，其内核就是学习中原诸侯国先进的政治制度，倡导文明教化，实行"重施于民"的政策。一系列的政策实施，使得秦国政治和文化发展很快，国力也逐渐强盛起来，让秦国由原本的西域小国，成为一个举足轻重的诸侯国。可以说，百里奚为秦国的崛起与最终统一天下，打下了坚实的基础。正是因为有了百里奚的辅佐，秦穆公才逐渐将目光放到了中原，他也想成为天下的霸主。

秦穆公一心想建立齐桓公那样的霸业，但秦国远离中原，有些鞭长莫及，于是秦穆公选择了扶持晋国，以达到控制中原、实现霸业的目的。晋国在发生骊姬之乱后，秦穆公先是扶持晋惠公上台；然而晋惠公并没有对秦穆公心怀感激，反而对秦国很不尊重。这笔买卖失算，秦穆公选择了忍让。

不久之后，晋国发生了旱灾，向秦国借粮食。秦穆公因为晋惠公的背信弃义，不想借粮给晋国。百里奚进言说："是晋国国君得罪了您，晋国的老百姓有什么罪？"秦穆公听从百里奚的建议，将粮食借给晋国，帮助晋国度过了危机。第二年，秦国发生了饥荒，秦穆公向晋国借粮食，晋惠公却一口拒绝，并趁着秦国饥荒发兵攻打秦国。秦穆公愤怒了，领兵击败了晋国军队，并俘虏了晋惠公。

秦穆公觉得既然晋惠公不听话，不好控制，那就换一个人。在晋惠公死后，秦穆公扶持重耳当上了晋国国君。这一次，秦穆公吃了更大的亏，因为这位重耳后来成了天下霸主晋文公。晋文公在世时，晋国实在是太强了，秦穆公根本不是对手，只能眼睁睁地看着自己一手扶持的晋文公一步步登上天下霸主的宝座。秦穆公心想：晋文公当上国君时已经62岁了，打不过你，还不能拖死你吗？等到晋文公死后，秦穆公就迫不及待地发动了对中原诸侯的战争，以谋求霸主之位。

秦穆公选择了投石问路的战术，他并没有直接挑战晋国，而是选择去攻打郑国。他派出了孟明视、西乞术、白乙丙三位将领带兵出征。在出兵之前，秦穆公的另一个重要谋士蹇（jiǎn）叔极力反对，认为劳师远征，对方一定会做好充分的准备，秦军恐遭不测。秦穆公没有听从他的建议，坚持让军队出发。蹇叔哭着对孟明视说："我恐怕只能看到你们出发，看不到你们回来了。"秦穆公很生气，派人对蹇叔说："你如果中年就死了，坟头的树都有两手合抱那么粗了。"意思是你怎么不早点死。

面对秦军的长途奔袭，正如蹇叔所预料的那样，郑国在商人弦高的帮助下，早早地做好了准备。秦军只能放弃攻打郑国的计划，顺便灭掉了滑国，准备班师回国。晋国听闻滑国被灭，很生气，因为滑国和晋国同姓，再加上晋国此时正处于晋文公国丧时，秦国出兵绝对是对晋国的挑衅。于是晋国出动军队，在崤这个地方设下埋伏，全歼了秦国的军队，只放走三位统军的将领。三名将领逃回秦国后，秦穆公身穿丧服去迎接他们，并对他们说："我不听百里奚、蹇叔的劝告，使你们受到屈辱，你们三人又有什么罪呢？你们要发奋雪耻，不要懈怠。"

在经历了崤之战的失败后，秦穆公改变了策略：既然还不具备实力与中原的诸侯较量，不如掉转枪口，往西打。秦穆公这个战略调整是明智的，当时在周王朝的西面，并不只有秦国，还有很多小国，如陇山以西有昆戎、绵诸、翟，泾北有义渠、乌氏、朐（qú）衍之戎，洛川有大荔之戎，渭南有陆浑之戎。这些小国虽然实力较弱，但经常骚扰秦国的后方，如果先把它们吞并了，不但能解决秦国的后顾之忧，还能扩大地盘。秦穆公在对付这些小国的时候，吸取了崤之战失败的教训，并不冒进，而是采取了相当谨慎的策略，先弱后强，依次征服。

就这样，东进不成的秦穆公，失之东隅，收之桑榆，很快就在周王朝的西边打出了一片新天地。在这个过程中，秦穆公从西戎的绵诸中，招揽来一个叫由余的谋士。在由余的帮助下，秦穆公先后征服了西戎20多个小国家，开

知识拓展

弦高犒秦师

弦高是郑国的一名商人。他去成周（今河南洛阳）做生意，路过滑国，正好遇上了秦国的大军。弦高假意以郑国国君的名义，送上12头牛作为礼物，犒劳远途而来的秦国军队，暗中则派人回郑国去报告敌情，防备秦军来犯。秦军以为郑国已经有了准备，于是放弃原定攻打郑国的计划。

弦高的这一举动，让郑国避免了一次天大的危机。这既说明了弦高强烈的爱国之心，也充分显示了他的足智多谋和临危不惧。

知识拓展

厉兵秣马

秦国出兵攻打郑国之前，曾派杞子领了一支军队驻守郑国，名义上是保护郑国，实则图谋不轨。秦穆公发兵攻郑时，杞子让手下军队"束载、厉兵、秣（mò）马"，准备和秦军里应外合。结果秦军的意图被弦高识破，不战而退，杞子一看事情败露，也灰溜溜地逃了。成语"厉兵秣马"便出自这里。意思是说磨利了兵器，喂饱了战马。比喻做好了战斗准备。秣，饲料，或（用饲料）喂牲口。

辟国土千余里。周襄王为了表彰秦穆公的功绩，赐给他金鼓，希望他不断擂鼓向西戎进攻。周天子此举，即是认同了秦穆公的霸主地位。

秦人的祖先是帮助周天子养马的，所以他们很喜欢马，秦穆公也不例外。有一次，秦穆公丢了几匹特别好的马，管理马厩（jiù）的官员很害怕，到处寻找，最终只找到了马的骨头。他怀疑是附近的村民把马吃掉了，就抓了几百个村民，要杀掉他们。秦穆公听说后，并没有生这些村民的气，还说马肉不好消化，赏赐了几坛酒给这些村民喝，不然吃了马肉会伤身体。不久之后，秦穆公在一次战斗中深陷敌人的重围，眼看就要丧命，这时冲出几百人来，拼死抵抗，救出了秦穆公。

脱离险境后，秦穆公要奖赏这些人，他们却回答说："我们是以前吃了您的名马，被您赦免的村民。"从这个故事也可以看出，秦穆公其实是一个很大度和豪爽的人。这也体现了秦人的天性，后世的秦国国君大多也有他身上的这种性格。

可惜的是，霸主秦穆公只是春秋时期秦国强盛的昙花一现，在他死后，秦国又陷入了一蹶不振之中，很长时间都远离中原争霸的舞台。据说秦的衰落与秦国的殉葬制度有关。秦穆公死后，殉葬的人接近200个，其中绝大多数是能征善战的将领或帮助秦穆公出谋划策的谋臣。大量人才被殉葬，再加上后面几任的秦国国君都比较昏聩无能，导致秦国很长时间都没有什么大的作为，几乎被诸侯国所遗忘，直到战国时才重新崛起。

问鼎中原的楚庄王

楚庄王，熊氏芈姓，名旅，春秋五霸之一。

或许有人会问了：为什么前面的齐桓公、晋文公、秦穆公都只称公，而楚庄王却称王？这与楚国的国情有关，楚国的建立者是熊绎，他当时被周天子封为子爵，这个爵位地位不高。楚国的封地在中原以南的蛮荆之地，地盘小，人也少，国力微弱，不但周天子看不上，甚至连各诸侯国都不把它放在眼里。按照周王室的规矩，每隔几年，诸侯必须进京朝贡，熊绎也不例外，他不远千里带着特产去朝见天子，却被安排在门外看守祭祀的火堆，连参与朝见的资格都没有。熊绎受了奇耻大辱，回到楚国后，不断发展实力，历经四代，到了熊渠当上国君时，楚国的疆域有了上千里，实力大增。然而周天子和中原的诸侯国依旧看不起楚国，认为楚国是蛮荒小国，于是熊渠一气之下自立为王，甚至还把自己三个儿子也封为王。自此之后，楚国的国君一般都是称为王的。

等到楚庄王当上楚国国君的时候，楚国的国力虽然已经很强大了，但仍然不被中原诸侯所认可。究其原因，主要有两点：一是楚国的地理位置靠南，并不在当时的所谓中原地区，远离周王室，不被人视为正统。所谓称霸，一般指的是称霸中原，你楚国离中原都很远，谈何称霸？二是因为楚国人喜欢内斗，且贵族上层的斗争很血腥，这在中原诸侯看来不符合礼仪，是野蛮的表现，而内斗不断也成为楚国难以持续强大的重要原因。

楚庄王当上楚国国君的时候还不到20岁。当时国内矛盾重重，王室内部的叛乱不断。在复杂的形势下，楚庄王采取了观望的策略，他要以静制动，找准时机再发力。于是，刚登上王位的楚庄王每日沉迷于声色犬马之中，整整3年对国事不闻不问。

有个叫伍举（伍子胥的祖父）的大臣实在看不下去了，为了楚国的将来，也为了楚庄王，他决定进谏。于是他对楚庄王说："有人让我猜个谜，谜题很难，我猜不着。大王您是个聪明绝顶的人，不如您帮我猜猜吧。"

一听是猜谜，楚庄王来了兴趣。伍举说："楚国的南山中，有一只大鸟，五色羽毛，样子很神气，可是这只鸟在树枝上趴了3年，不飞也不叫，这是只什么鸟？"

楚庄王马上明白了伍举的意思，回答道："这可不是一只普通的鸟！这只鸟，不飞则已，一飞就要冲天；不鸣则已，一鸣就要惊人！"

果不其然，楚庄王就是这只一鸣惊人的"大鸟"。在蛰伏3年之后，他对楚国的问题和弊端都有所了解了，决定进行一系列的改革，使楚国强大起来。他重用孙叔敖、伍举和苏从这样的能人，将朝堂之上那些只会内斗、溜须拍马的人罢黜掉，对楚国进行了大刀阔斧的整治。孙叔敖是春秋时期著名的政治家和水利专家，楚庄王任命他为令尹（宰相）。他辅佐楚庄王施教导民、宽刑缓政、农商并举、休养生息，楚国的国力很快就强盛起来了。

楚国国力强盛后，楚庄王开始了他北进中原的步伐。此时的楚国，最大的敌人是晋国。晋国是当时诸侯中实力最为强大的，很多小国都依附于它。楚庄王并没有选择直接与晋国开战，而是从晋国的"小弟"们开始下手，他先是拉拢郑国一起攻打陈国；晋国派军援助，楚庄王又转而攻打宋国。经过一系列的乱战，楚国虽然没有占到什么便宜，但它的势力和影响已经到达了中原腹地，不再是蛮荒之国，而是可以在中原争霸中拥有话语权的大国。楚庄王达成了自己的目的。

关于这一点，历史上有一个很出名的记载，可以从侧面印证。公元前606年，楚庄王以"勤王"的名义，讨伐陆浑之戎。这个陆浑之戎就在离周朝首都洛邑不远的地方。在获得胜利后，楚庄王一时兴起，就把楚国大军开到了洛邑南郊，举行了一场盛大的阅兵式。这在当时是一种挑衅的行为，周天子得知楚军在王城附近耀武扬威，不知道楚庄王葫芦里卖的是什么药，就派了王孙满以慰劳军队的名义去见楚庄王。

楚庄王见到王孙满后，迫不及待地问："听说周天子有九鼎，象征天子威严，不知道这鼎有多重啊？"言外之意是，他想跟周天子比比谁更厉害。

王孙满的回答很精妙，他说："一个国家的兴亡在于有没有德，并不在于鼎的大小轻重。"楚庄王对王孙满这个回答并不满意，他威胁道："周天子虽然拥有九鼎，但要知道，楚国的军队折下戟钩的锋刃，也可以铸成九鼎。"

面对楚庄王的威胁，王孙满再次发挥其善辩的特长，回答说："楚王您别忘了，当初是因为夏禹有德，天下都拥护他，各地进献铜料，夏禹才能铸成

知识拓展

周朝的爵位

春秋战国时期，同样是一国之主，为什么有的称公，有的称侯，还有的称王？

这跟周朝的爵位有关。一般说法，周朝爵位分为王、公、侯、伯、子、男6个等级。男爵最低，不见记载；子爵，如楚、越；伯爵，如秦、郑、吴；侯爵，如齐、卫、鲁、晋等；公爵较少，如宋国。王爵最高，本来只有周天子称王，但随着周天子权威没落，各国纷纷"造反"，自抬身价：楚国嫌弃子爵太低，自己给自己升格为王；魏国和齐国互相承认王爵（徐州相王事件）；其他国家不管原来爵位是什么，也都陆续称王。

知识拓展

问鼎中原

这个成语从楚庄王向周王室打听九鼎轻重的故事而来。九鼎，传说是夏禹时所铸的九个大鼎，象征国家权力；中原，是当时中国的核心，代指天下。这个成语的意思是企图争夺统治天下的权力。

"问鼎"一词也可单独使用，比喻在竞赛中夺取第一名。比如：以他的实力，有望问鼎冠军。

九鼎。到了夏桀昏乱，夏朝灭亡，九鼎到了商的手中。商纣暴虐，武王伐纣，鼎又转移给了周天子。如果天子有德，鼎虽小却重得难以转移；如果天子无德，鼎虽大却是轻而易动。周朝虽然式微，但国运还未尽，鼎的轻重是不可以问的。"楚庄王听到这个回答后非常惊讶，他没想到周天子身边还有王孙满这样忠君爱国、临危不惧的能臣。通过这件事，楚庄王明白，虽然楚国的实力已经很强大了，但是其他诸侯还是承认周天子是天下共主的，如果楚国出兵，其他诸侯可能会联合攻打楚国，于是不得不带兵离开。

虽然不能取代周天子，但楚庄王的称霸之心并没有改变。他在位期间，先后6次发动对郑国的战争，最终逼迫郑国臣服于楚国。不久之后，楚国又在邲之战中，击败了强大的晋国。此后，楚庄王又再次发动对宋国的战争，围困宋国国都9个多月，并迫使宋国与楚国结盟，在此期间，没有一个诸侯国敢援助宋国。此时的楚国国力之强大，让中原诸侯为之畏惧，楚庄王虽未通过会盟获得周天子的认可，但霸主之实，已经不言而喻。

楚庄王对待属下大臣很宽厚。有一天晚上，楚庄王举行宴会款待群臣，让自己的姬妾歌舞助兴，还让最宠爱的妃子许姬给大臣们敬酒。忽然，一阵风吹来，将大厅中的灯火都吹灭了，一个叫唐狡的大臣趁机揩油，占许姬的便宜，许姬扯断衣袖才得以挣脱，并顺势扯下了唐狡帽子上的缨带。许姬马上向楚庄王告状，让他点亮灯火后查看众人的帽缨，找出刚才非礼她的人。楚庄王听完后，却传令先不要点亮灯火，并对众人说："寡人今日设宴，与诸位务要尽欢而散。现请诸位都去掉帽缨，以便更加尽兴饮酒。"大家都把帽缨取下后，楚庄王这才下令点上了灯火。酒宴尽兴而散。回到宫里，许姬责怪楚庄王不给她出气，楚庄王却说："君臣宴会要大家尽兴，这样才能君臣和谐。酒后失态是人之常情，真要追究责罚，岂不大煞风景？"这件事就是著名的楚庄王"绝缨之宴"。而唐狡也在后来的战斗中，拼死保护深陷重围的楚庄王，报答了他的不究之恩。

楚庄王的横空出世，给楚国带来了大国崛起的希望，然而，这种希望也随着楚庄王的离世，很快就灰飞烟灭了。楚庄王死后，楚国又陷入了内斗不断的怪圈，国力下滑，很快又被晋国反超。更要命的是，在楚国的"后院"，一个新兴小国也在崛起，那就是吴国。而吴国，也逐渐成为楚国的心腹之患，中原诸侯为了牵制楚国，纷纷选择帮助吴国，以达到遏制楚国的目的。楚庄王的争霸之路，终究是人亡霸灭。

名不副实的宋襄公

宋襄公，宋氏子姓，名兹甫。在春秋五霸中，宋襄公是"打酱油的"，霸主之名，他名不副实。但后世所评的春秋五霸中，确实有宋襄公这么一位霸主。

宋国，在春秋时期并不是什么强国，地盘不大，国力不强，只能靠依附强国，在夹缝中生存。那宋襄公是凭什么成为春秋五霸之一的呢？凭的是"仁义"，或者说是所谓的"仁义"。

宋襄公是个仁义的人，从小到大都是如此。他的父亲宋桓公病重，按照当时的嫡长子继承制度，宋襄公应该继位，但他却不这样认为，他要讲"仁义"，要把太子之位让给庶出的哥哥目夷。他对宋桓公说："目夷比我年长，而且比我仁义，应该立他为国君。"

于是，宋桓公就找到了目夷，希望他能继位。谁知目夷却说："兹甫都能把国君之位让给我，还有谁能比他更仁义？我再仁义，也赶不上他啊！"为了彻底打消宋襄公让位的念头，目夷干脆选择出逃到了卫国。太子之位没让出去，无奈之下，宋襄公只得继位。

继位后不久，宋襄公赶上了一件大事——齐桓公主持的葵丘会盟，他亲眼见证了齐桓公成为春秋时期第一个霸主，除了羡慕，还是羡慕。但以宋国当时的实力，是不可能凭借国力成为天下霸主的。看来还是只能走"仁义"这条路，宋襄公要以理服人，以德服人。也正是在这次会盟上，齐桓公跟宋襄公"客套"了一番，并拜托宋襄公以后要照顾自己的儿子太子昭。齐桓公的这番操作，是被宋襄公的仁义所感动，抑或仅仅只是一番"客套"，已经不得而知了，但宋襄公却当了真。

齐桓公死后，齐国陷入内乱，他的5个儿子为了争夺国君之位，打得不可开交。公子无亏在易牙、竖刁的支持下，占得先机，登上了国君宝座。太子昭走投无路，逃到了宋国，向宋襄公求助。以宋国的实力，对于这种事，原本是力不能及的。收留太子昭，好好养着，就是最大的仁义了。但宋襄公却不这么认为，他觉得当年齐桓公曾拜托自己照顾太子昭，如今帮助太子昭夺回国君之位，才是最大的仁义。

宋襄公也知道，单靠宋国的实力，想要帮助太子昭夺位，肯定是不够的。于是他以仁义之名，向天下的诸侯国发出通知，要求他们派兵，跟宋国共同护送太子昭回国即位。收到通知的诸侯国明显不把宋襄公当回事，因为他的号召力实在是微不足道，只有卫国、曹国和邾（zhū）国3个小国，象征性地派了一些兵马来。

即便是这样，宋襄公还是率领四国的军队出发了，当然，其中绝大多数是宋国的军队。齐国刚经历动乱，一时间还搞不清宋襄公所率四国联军的实力，再加上齐国的贵族们对太子昭本来就怀有同情心，对于公子无亏和易牙、竖刁等人没什么好感，于是就动手干掉了这些人，重新迎立太子昭成为国君，史称齐孝公。因为这件事，宋襄公声名鹊起，在诸侯之中小有名气，"仁义"也成了宋襄公的金字招牌。

在帮助太子昭登上齐国国君之位后，宋襄公飘飘然起来。齐桓公死后，天下霸主之位空缺，宋襄公认为这个位置非自己莫属，便想仿效齐桓公，举行会盟，确立其霸主地位。对于这种不自量力的行为，他的哥哥目夷远比他现实，他劝宋襄公："以小国之力会合诸侯，是祸患。"

宋襄公不听，仍旧号令天下诸侯会盟，但响应他的，只有卫国、曹国、邾

知识拓展

宋国与商朝

武王灭纣、建立周朝之后，对商朝的宗室遗民并没有赶尽杀绝，而是另封了一块地方给他们建国。宋国就是这么来的，并定都商丘（今河南商丘）。也因此，宋国和商朝在文化上是一脉相承的关系，同样善于经商，尊圣贤，重古礼，有"礼仪之邦"的美誉。孔子、墨子、庄子和惠子四位圣人都出自宋国。

国和滑国等几个小国,其中曹国还是宋襄公发兵围困其都城逼迫而来的。连宋襄公一手帮助其上位的齐孝公都不给他面子,齐国甚至和楚国、郑国、陈国和蔡国举行会盟,公然与宋襄公唱反调。

一次不成,再来第二次。不久之后,宋襄公再次邀请诸侯举行会盟。这次,宋襄公把矛头对准了他认为的主要对手楚成王。在出发前,哥哥目夷劝他带上军队,以防不测,宋襄公却说:"是我提出不带军队的,楚人也会遵守约定,怎么能不守信用呢?"于是,他没带军队就去参加会盟。楚成王可不

齐桓公	主要谋臣:	鲍叔牙、管仲
	重要典故:	尊王攘夷、葵丘会盟
晋文公	主要谋臣:	赵衰、介子推
	重要典故:	骊姬之乱、城濮之战、退避三舍
秦穆公	主要谋臣:	百里奚、蹇叔、由余
	重要典故:	穆公亡马、羊皮换相、弦高犒秦师
楚庄王	主要谋臣:	伍举、孙叔敖
	重要典故:	一鸣惊人、绝缨之宴、问鼎中原
宋襄公	主要谋臣:	目夷
	重要典故:	泓水之战、宋襄之仁

春秋五霸的名臣及典故

讲什么仁义，他早就在会盟地的附近埋伏好了军队，宋襄公一到，就成了俘虏，被带回楚国囚禁了起来。直到后来，在鲁国的调停下，宋襄公才被放了回来。

受此奇耻大辱，宋襄公怎能善罢甘休？不久之后，宋襄公率军攻打楚国的"小弟"郑国，郑国向"大哥"楚国求救，于是宋楚两军在泓水相遇，大战一触即发。因为隔着泓水，楚军只能渡河才能进攻宋军，就在楚军渡河时，哥哥目夷对宋襄公说："楚军人多，我军人少，现在趁着他们渡河，我们赶紧发起进攻，或许能以少胜多。"

宋襄公却说："我们是仁义之师，怎么能趁着人家渡河突然袭击呢？"

楚军过河后，开始在岸边布阵。目夷说："趁着他们布阵，赶紧进攻。"宋襄公再次反对，表示要等楚军列好阵，才能开战。等到楚军列阵完毕，双方交锋，宋军大败，宋襄公也被楚军的箭射伤了大腿。

宋军吃了败仗，损失惨重，宋襄公的称霸之梦也破灭了。不少大臣埋怨宋襄公没有听从目夷的意见，宋襄公却仍然不知悔改，依旧大谈仁义之道，说什么"有仁德之心的君子，作战时不攻击已经受伤的敌人，也不攻打头发斑白的老年人。古人每当作战时，都不靠关塞险阻取胜，寡人的宋国即便就要灭亡了，也不忍心去攻打那些没有布好阵的敌人。"

对此，目夷气愤地说："打仗就是为了取胜，谈什么君子之道！按照你的说法，直接当奴隶臣服就好了，何必还要打仗？"

不久之后，宋襄公因为泓水之战的旧伤复发死去，而所谓春秋五霸之一的他，根本就名不副实，甚至还是一个笑话。

对于宋襄公的种种愚蠢行为，毛泽东主席在《论持久战》一文中，做出了这样的评价——"我们不是宋襄公，不要那种蠢猪式的仁义道德"。

02
吴越争霸

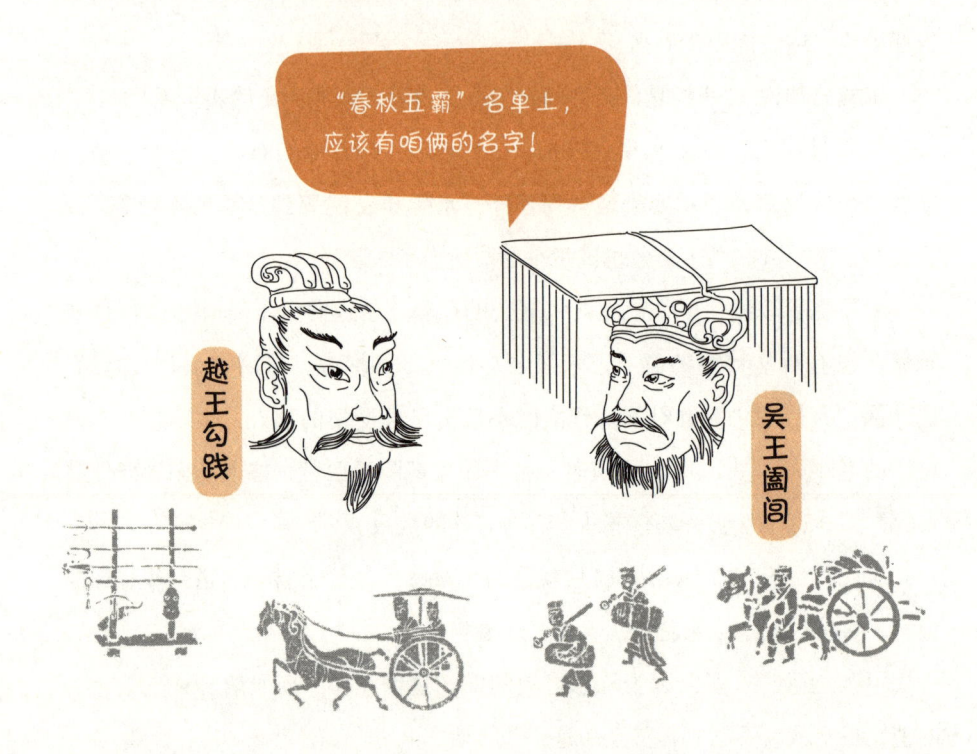

> "春秋五霸"名单上,应该有咱俩的名字!

越王勾践

吴王阖闾

　　在很多典籍的记载中,春秋时期的吴王阖闾和越王勾践,也曾称霸诸侯。在有些版本的"春秋五霸"名单中,这两位国君双双入选。

　　吴国和越国远离中原,这两个国家相互征伐不断,上演了一场又一场惊心动魄的斗争大戏,这两国的争霸,被称为吴越争霸。吴国和越国为争霸天下而进行的一系列攻伐交战,最终以越国灭掉吴国而宣告结束。

吴王阖闾

春秋时期的吴国,位于长江下游地区。虽然远离中原,但它在周朝建立时就作为最早的诸侯国之一出现了,相传吴国的建立者是周文王的伯父吴泰伯。吴国辖境包括今江苏、安徽两省的长江以南部分,以及环太湖的浙江北部,太湖流域是吴国的核心地域。吴国由于远离中原地区,所以当时被人视为断发文身的蛮荒之地。

吴王阖闾(hé lǘ),姬姓,名光,是春秋末期吴国的君主。吴国与楚国交界,阖闾的父亲吴王僚在位时,吴楚两国爆发了战争。战争的起因很简单,甚至听起来还有些荒谬:在两国边境上,一个楚国少女和一个吴国少女,因为采桑叶发生了争执,双方厮打起来,随后双方家族加入,接着两国边境的乡民加入,最终演化成为两国兵戎相见。

在这种情况下,阖闾被父亲派往前线,与楚军作战。然后,阖闾遇到了一个彻底改变他命运的人——春秋时期的著名人物伍子胥。

伍子胥原本是楚国的大臣,因受人诬陷,全家被楚平王杀害,只剩他一人孤身逃到了吴国。此后的伍子胥心中只有一个念头,那就是复仇。他深知单凭自己的力量无法完成复仇,于是把希望寄托在了吴国身上。但吴王僚认为楚国太过强大,并不愿意与楚国纠缠下去,在阖闾攻占了楚国的两座城池后,吴王僚决定罢兵。但是伍子胥从阖闾的身上看到了野心,决心辅助他当上吴王,帮自己复仇。于是,伍子胥把一个叫专诸的刺客介绍给了阖闾。在一场宴会上,专诸伪装成厨师,将一把匕首藏在鱼腹之中,刺杀了吴王僚。这就是著名的"鱼肠剑"故事。

吴王僚死后,阖闾成为吴国的国君。阖闾与父亲不同,他年轻,更具野

知识拓展

申包胥哭秦廷

楚国大臣申包胥跟伍子胥是好朋友，伍子胥逃离楚国时，发誓一定要灭掉楚国。申包胥鼓励他复仇，还发誓说："你能覆楚，我必兴楚！"后来伍子胥带领吴国军队攻入楚国都城，楚国几乎灭亡。申包胥请求秦国出兵救楚，秦王不答应，申包胥便在秦王宫城外哭了七天七夜，终于感动了秦王。秦国出兵，击退吴国，助楚复国。

心，齐桓公、晋文公称霸的事迹对他极具吸引力，他也想带领吴国，称霸诸侯，建立不朽的功业。而要达成这一切，就必须击败楚国，楚国既是吴国最大的敌人，也是他称霸中原的拦路虎。要击败楚国，就必须发展吴国的实力，整肃吴国的军队。在伍子胥的帮助下，吴国进行了一系列大刀阔斧的整顿，军力和国力得到了很大提升。

伍子胥还向阖闾推荐了一个人，这个人名叫孙武，是春秋时期最杰出的军事家。孙武向阖闾献出了自己的军事著作兵法十三篇，也就是流传后世的《孙子兵法》。在伍子胥和孙武的辅助下，阖闾逐渐羽翼丰满，开始了争霸之路。

吴国对楚国的战争先从试探开始。阖闾并没有选择直接攻打楚国，而是先攻打楚国的附庸徐国。很快，徐国被攻破，阖闾也在这里称王，但楚国对此无可奈何。此时的吴军经过孙武的整训，战斗力很强，再加上当时吴国的铸剑水平高超，武器很锋利，让楚国很忌惮。中原诸侯对于吴国与楚国的争端，选择站在吴国一边，他们希望借助吴国之手削弱强大的楚国，所以吴国获得了中原诸侯国的很多援助，要钱给钱，要武器给武器。

在经过一系列的试探性攻击后，公元前512年，阖闾亲率大军，以伍子胥为主将，出兵攻打楚国。此时的楚国早已不再是楚庄王时的楚国，因为内乱不断，楚国的国力早就衰弱了，虽然地盘大，但不过是个徒有其表的空架子。吴军一路势如破竹，很快就攻破了楚国的都城郢（yǐng），楚昭王出逃，楚国面临亡国的风险。

至此，伍子胥一心谋划的借助吴国之力复仇的计划终于实现了，他掘开楚平王的坟墓，挖出他的尸体，抽打了300鞭子。吴国也因为击败强大的楚国，得以称霸于诸侯。

正当阖闾在郢都耀武扬威的时候，后院却起火了。吴国南面的越国见吴军主力都在攻打楚国，国内空虚，便趁机攻打吴国；更要命的是，吴王的弟弟夫概趁着哥哥阖闾不在，夺取了王位。阖闾无奈之下，只能选择撤兵回国。楚国则在秦国的帮助下，夺回了被吴军占领的土地，得以复国。

阖闾回到吴国后，先是夺回了王位，随后带兵讨伐偷袭自己的越国。

知识拓展

孙武练兵

阖闾想试试孙武的练兵能力，于是派了两队宫女，让孙武试练。孙武让两名吴王的宠妃，各带一队，先宣布了纪律，然后开始操练。孙武命令所有的人向右看，宫女们笑嘻嘻地不当回事；又命令向左看，宫女们还是只笑不动。孙武下令斩了两个队长。这下子所有人都害怕了，不敢不听军令。阖闾从此知道孙武确实能带兵、用兵。

双方在槜（zuì）李（今浙江嘉兴市西南）展开了激战。此时越国的国君是勾践，勾践要了一个花招，他命令数百名犯了死罪的囚徒，排好队走到吴军阵前，然后直接拔剑自刎。吴军从没见过这种奇特的战法，一时不知所措，越军趁势出击，吴军大败。

越国大夫灵姑浮用戈攻击阖闾，斩断了他的脚趾。不知是伤口感染，还是武器上涂毒的缘故，阖闾就这样莫名其妙地死掉了。阖闾死后埋葬在苏州虎丘山，据说他的墓中陪葬有大量锋利的宝剑。

阖闾临死前，立太子夫差为吴王，并对他说："你会忘记你的杀父之仇吗？"

夫差回答："不敢忘！"

越王勾践

夫差确实没有忘记杀父之仇，在即位的第二年，他就发动了对越国的战争，一举攻破了越国的首都会稽。越王勾践无奈之下选择了投降。

越王勾践的传奇故事，就是从他向夫差投降开始的。勾践，姒姓，本名鸠浅。司马迁认为，勾践是大禹的后代，但这种说法并没有什么直接的证据。越国远离中原，古称于越部落，在中原诸侯看来，越国比吴国还要蛮荒，甚至视他们为异族。然而，正是这样一位异族之主勾践，却成为春秋时期的最后一个霸主。

面对勾践的投降，伍子胥坚决反对，力劝夫差杀掉勾践，并彻底灭掉越国，以绝后患。夫差没有采纳伍子胥的建议，他想留着勾践，践踏他、侮辱他。伍子胥此后又多次向夫差进谏，让他杀掉勾践，夫差却听信谗言，反而将伍子胥赐死。临死前，伍子胥对人说："你们一定要把我的眼睛挖出来，放在吴国都城的东门之上,我要亲眼看着越国的军队打进来。"伍子胥之所以力主杀掉勾践,或许是因为他在勾践的身上看到了自己的影子,因为他们两个人都是为了复仇不择手段的人。

投降后的勾践,带着妻子一起来到了吴国。夫差为了羞辱他,让他们夫妇住在简陋的茅草房里,为吴王阖闾守墓,让勾践给他做奴隶,喂马,赶车,干各种苦活脏活。勾践表现得很顺从,久而久之,夫差就放松了警惕,认为勾践是真心归顺了。

有一次,夫差生病了。勾践见到夫差,什么话也没说,找到夫差的粪便就品尝起来。夫差不知何意,勾践笑着说:"大王,我通晓一些医术,会看病,您的粪便味道酸而偏苦,和五谷杂粮是一个味道,这说明您得的是小病,很快就会痊愈,您不用担心。"夫差看到勾践都这样了,非常感动,认为他已经完全归顺了,就把他放回了越国。

勾践回到越国后,想起自己受到的耻辱,发誓一定要杀掉夫差,报仇雪耻。此时的越国,经过与吴国的多年战争,国力空虚,军力疲惫。《左传》记载:"越十年生聚,而十年教训,

知识拓展

心腹之患

越国表面上的臣服让吴国君臣沾沾自喜,尤其是吴王夫差,他一心要延续父亲的霸主荣光,准备攻打齐国。对此,伍子胥忧心忡忡,他劝夫差:"越在我,心腹之疾也,壤地同,而有欲于我。夫其柔服,求济其欲也,不如早从事焉。得志于齐,犹获石田也,无所用之。"伍子胥的意思是说越国和吴国相邻,才是心腹之患,越国暂时屈服,实则怀有亡吴之心;至于齐国,就算打下来,也如同一块贫瘠田地,没什么用处。夫差根本听不进去,逼迫伍子胥自杀。成语"心腹之患"就出自这里,指隐藏在内部的祸害,也泛指危险性最大的隐患。

第一回合：槜李之战

对阵双方：吴王阖闾对越王勾践　　结果：阖闾身死，越国胜出

第二回合：吴国破越都城

对阵双方：吴王夫差对越王勾践　　结果：吴国胜出，越王为奴

第三回合：决战

对阵双方：吴王夫差对越王勾践　　结果：夫差身死，越国称霸

吴越争霸经过

二十年之外，吴其为沼乎！"生聚是繁衍人口、聚积物力，教训是教育人民、训练士兵，意思是越王勾践用了20年时间来积蓄力量，以向吴国复仇。

在努力发展国力的同时，越王勾践还必须做到麻痹敌人。谋士范蠡献出了美人计，他找到一个叫西施的绝世美女，让勾践献给了夫差。夫差见到西施后，马上就丢了魂，每日寻欢作乐，不理朝政，吴国逐渐走向了衰败。

为了复仇，勾践"卧薪尝胆"。他睡在柴草中，并在自己的屋中挂上一颗苦胆，吃饭、睡觉之前，都要尝一下苦胆的滋味，时刻提醒自己，不能忘记在吴国受到的耻辱。勾践身穿粗布衣服，每顿吃着粗糙的食物，跟老百姓一起每日耕种；勾践的妻子则带领妇女，养蚕织布，过着和普通老百姓一样的生活。他们之所以这么做，就是要与百姓同甘共苦，激励越国上下奋发图强，早日报仇雪耻。

为了彻底耗尽吴国的国力，勾践想出了很多损招。他通过贿赂夫差的宠臣伯嚭（pǐ），以越国遭受了灾害为名，向吴国借了很多粮食。第二年，吴国遭受了灾害，发生了饥荒，要求越国还粮。用心险恶的勾践，命人把粮食全部用水煮过后，再还给吴国。吴人不知粮食是被水煮过的，将这些粮食当作种子播种了下去，结果颗粒无收。

经过多年积蓄力量，花费了无数心机之后，越王勾践发动了对吴国的复仇之战。此时的吴王夫差，正率领吴军主力在黄池举行会盟，昭显自己的霸主之位。越国的突然袭击，打得吴国措手不及。等到夫差率部回援的时候，吴国的大片国土已经被越国占领了，首都也被攻破。夫差自知已经不是勾践的对手，选择向勾践投降，希望勾践能像当年的自己那样，给对手留一条活路。然而勾践怎么可能会放过他，无奈之下，夫差只得拔剑自刎。

在灭掉吴国后，勾践踌躇满志，他率兵北上，和齐国、鲁国等诸侯会盟于徐州。周天子也派人给他送去赏赐，承认他是天下诸侯的霸主。就这样，越王勾践成为春秋时期的最后一个霸主。

03
战国七雄

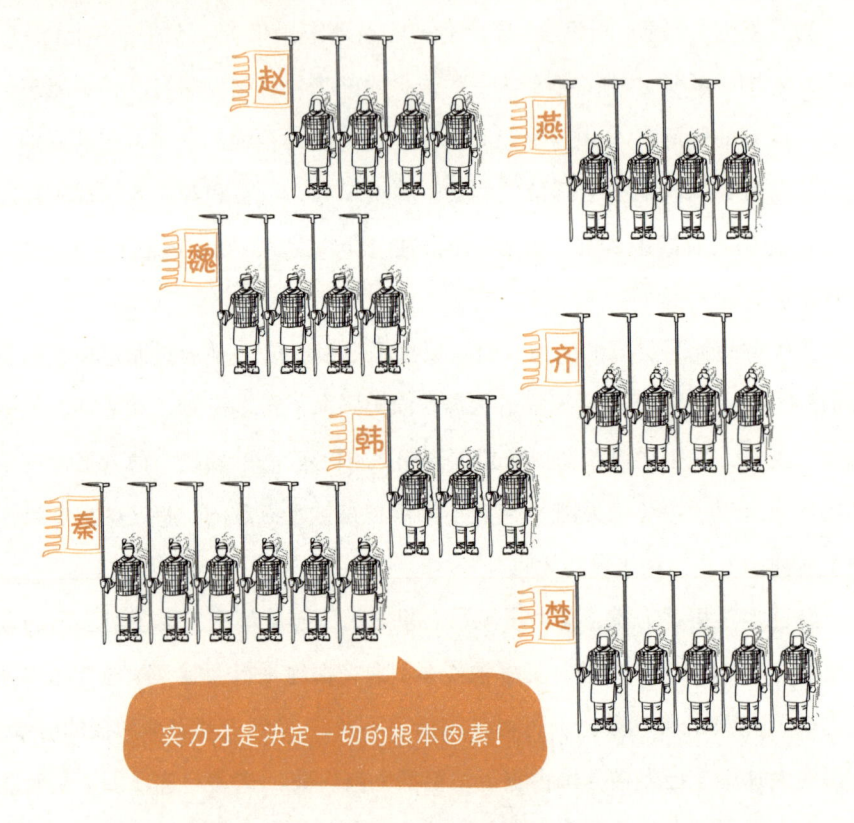

> 实力才是决定一切的根本因素！

在经过了春秋近 300 年的纷争后，那些实力较弱的诸侯国，逐渐被大的诸侯国所吞并。到了战国时期，原本 100 多个诸侯国只剩下了十几个。其中以齐国、楚国、燕国、韩国、赵国、魏国和秦国七个国家的实力最强，被称为"战国七雄"。其中，赵、魏、韩三国是晋国一分为三的结果。

战国时期的各诸侯国，连周王室的旗号都不要了，他们各自为政，扩充军队，相互攻战，拓展地盘，以求吞并天下。最终，秦国笑到了最后，统一了天下。

三家分晋

晋国是春秋时期的大国，晋文公时期，晋国国力强盛，是天下的霸主。到了春秋末期，晋国公室势力衰弱，晋国大权逐渐落入了智氏、赵氏、魏氏和韩氏四大家臣的手中，其中以智氏的实力最为强大。

智氏的领导者叫智伯，赵氏的领导者叫赵襄子，魏氏的领导者叫魏桓子，韩氏的领导者叫韩康子。作为晋国的实际掌权者，智伯一心想消灭赵魏韩三家，但苦于没有机会。有一次，智伯对另外三家说："我们晋国本来是中原的霸主，现在吴越这样的小国都敢称王称霸，实在是不像话。我们要光大晋国，我提议，大家都从自己的封地里拿出一百里土地，连同土地上面的人口，还给晋国公室。我智家愿意带个头，先拿出一万户邑献给晋公，你们呢？"

赵魏韩三家担心自己失去土地后实力下降，都不愿意献出土地和人口。但是三家并不齐心，他们害怕拒绝智伯后，智伯发兵攻打自己。于是，其中实力最弱的韩康子，首先把土地和人口割让给了晋公；魏桓子看到后，也把土地和人口献了出来；只剩下赵襄子没有表态。智伯再次索要，赵襄子回答说："土地和人口都是祖上留下来的产业，到手的东西，说什么也不能交出来，否则就对不起祖先。"智伯很生气，就命令韩魏两家和自己一起，出兵讨伐赵襄子。

公元前455年，在智伯的率领下，三路大军浩浩荡荡地杀向了赵家。赵襄子打不过，率兵退守到了晋阳。晋阳城高池深，三家联军打了好几年都没能打下来。有一天，智伯到晋阳城外观察地形，看到晋阳城东边的汾水，就想到了一条毒计。他命人开凿水道，把汾水引到晋阳城的西南面，并筑起了高坝，拦住上游的水，等到水满了之后，命人掘开堤坝，引汾水倒灌晋阳城。

知识拓展

赵襄子学御

赵襄子学习驾车，学完后与老师比赛，连输了三次。老师告诉他："驾驭车马，重要的是要让马和车协调，人的注意力要放在马上，马车才能够跑得快。现在你一落后，就想的是赶上我；跑到了前面，又怕被我追上。你的注意力全在我身上，还怎么能让车和马协调一致呢？这就是你落后的原因。"

成语"争先恐后"即出自这里。这个故事也说明了一个道理：人要多审视自己，而不要被别人扰乱；凡事自己做到了 100 分，才有可能胜过别人。

一时间，晋阳城成了泽国，城中的百姓被淹死无数，眼看赵襄子就要守不住了。智伯得意扬扬地带着韩康子和魏桓子去欣赏他的杰作，还吹嘘着对他们说："你们看，赵襄子马上就要完蛋了。以前我还以为晋阳城攻不破呢，现在看来，一场大水就可以灭掉一个国家啊！"

韩康子和魏桓子听后，表面上恭敬地答应，心里却暗暗叫苦。原来，魏国的都城安邑、韩国的都城平阳，这两座城的边上，各有一条大河。智伯的话提醒了他们，如果将来智伯也给自己来这么一手，那怎么办？

晋阳城被淹后，城内的情况越来越严重，眼看就支撑不住了。赵襄子的门客张孟谈献计说："我看韩魏两家，跟智伯并不是一条心啊，他们之所以追随智伯，是因为害怕智伯打他们。我想办法去说服他们，和我们一起对抗智伯。"赵襄子听从了张孟谈的建议，派他出城去说服韩魏两家。果不其然，在经过张孟谈一番游说后，韩魏两家出于自己利益的考虑，决定赵魏韩三家联合起来，共同对付智伯。

第二天夜里，智伯还在营中睡觉，

突然听见一片喊杀声,军营里到处是水。他还不明白怎么回事,赵魏韩三家的士兵划着船就杀过来了。原来,赵魏韩三家联手,趁智伯不备,在大堤上又挖了一个口子,引汾水冲向智伯的大营。智伯全军覆灭,自己也丢了性命。

赵魏韩三家在灭了智氏后,一不做二不休,干脆把晋国所有的土地都瓜分了。公元前403年,赵魏韩三家派使者觐(jìn)见周威烈王,要求周威烈王把他们三家都封为诸侯。事情已经这样了,周天子不承认也没有办法,只好做个顺水人情,把三家正式封为诸侯。之后,赵魏韩三家通过战争手段,

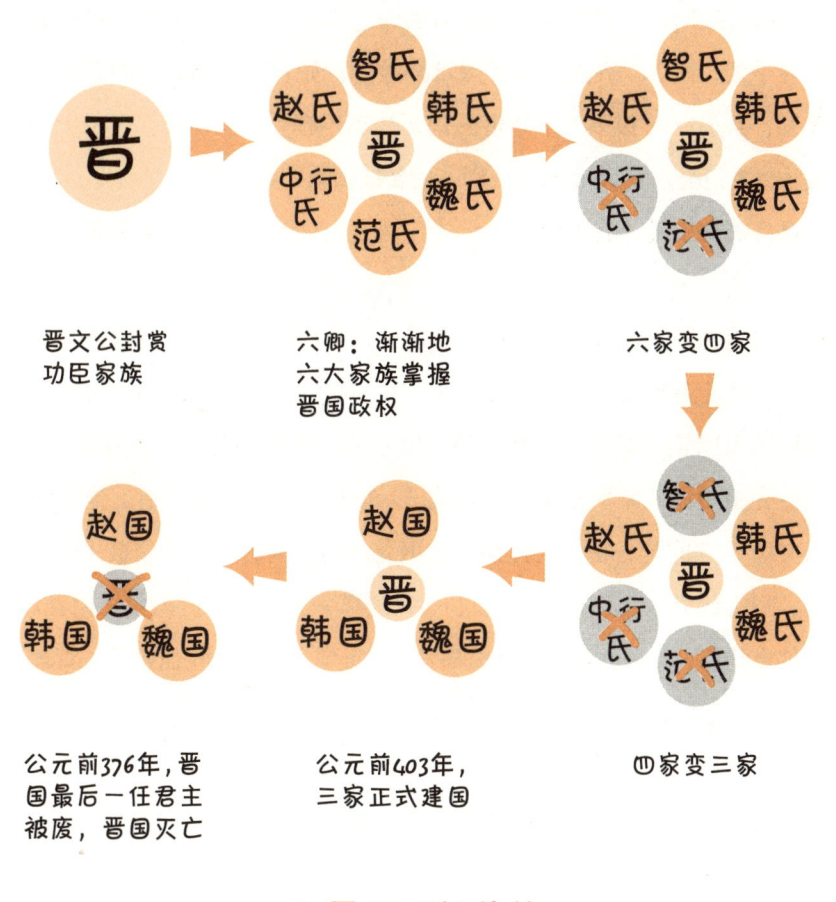

晋文公封赏功臣家族

六卿:渐渐地六大家族掌握晋国政权

六家变四家

四家变三家

公元前403年,三家正式建国

公元前376年,晋国最后一任君主被废,晋国灭亡

从晋国到赵魏韩

扩充自己的地盘，都成为中原的大国。其中以赵国和魏国的实力较为强大，韩国实力稍弱。

"三家分晋"被很多历史学家视为春秋之终、战国之始的分水岭。

田氏代齐

齐国是战国时实力较为强大的诸侯国，建立者是武王伐纣过程中最大的功臣姜子牙，所以，齐国的历代国君都姓姜，如春秋五霸之一的齐桓公，吕氏姜姓，名小白。很多人不知道的是，其实还有一位齐桓公，名叫田午，他的谥号也是桓公。为了和前者区别，后者被称为"田齐桓公"。

从吕氏到田氏，其中到底发生了什么呢？这就是战国时期著名的"田氏代齐"事件。

和赵魏韩三家分晋的明火执仗不同，田氏代齐可以用"润物细无声"来形容。田氏家族历经近300年的时间，才完成了这项偷天换日的巨大工程。

田氏和原是晋国家臣的赵魏韩三家不同，他最初连齐国的家臣都不是。田氏的先祖田完，原本是陈厉公的儿子，国内政治斗争失败后，他从陈国逃到了齐国。当时是齐桓公在位期间，田完逃到齐国后，齐桓公想任命他为卿大夫，田完没有接受，对齐桓公说："我这样一个寄居在外的人，蒙您庇佑，已经感恩戴德了，哪敢奢望做什么高官？"于是齐桓公就让他担任了管理百工的工正，职务虽然不高，但田氏就这样在齐国扎下了根。

田完死后，他的子孙世袭了他的官职，历经数代，到了田桓子这一代，齐庄公把自己的女儿嫁给了田桓子，田氏家族到这个时候，才逐渐成为齐国的大家族。此时的齐国，除了宗室吕氏，还有高氏和国氏两大家族，这两大家族世代担任齐国的上卿，并且还是周天子亲自任命的。田氏通过离间、分化等手段，最终赶跑了高氏和国氏，逐渐掌握了齐国的实权。

在掌握了齐国的实权后，田氏家族开始施行私政，和齐国国君争夺民心。尤其是在齐景公时期，因为齐景公昏庸无能，对老百姓施行重刑厚赋的政策，老百姓苦不堪言。当时齐国的国库里放满了粮食，而老百姓却没有饭吃。大夫田桓子掌管粮政，为了收买人心，他把国库里的粮食借给老百姓。他还将齐国的量制由四进制改为五进制，借给老百姓粮食的时候用五进制，老百姓还粮食的时候用四进制。老百姓得了田氏的好处，打心底感激他，民心渐渐地归向了田氏。

齐国著名人物晏子，对此心知肚明，但也没什么办法，只能私底下抱怨："齐国的政权总有一天会归田氏的，田氏虽然没有什么功德，但却能借公事施私恩，有恩于民，老百姓都拥护他。"

有一次，晏子和齐景公聊天，齐景公说："这么漂亮的宫殿，我死了之后，谁会住在这里啊？"

晏子回答："那肯定是田氏啊！"齐景公听了，只能叹气，因为他已经无能为力了。

到了齐简公时期，田氏的田成子当了齐国的国相。权力在手，田成子故技重施，又玩起了大斗把粮食借出、小斗收回的伎俩。老百姓感恩戴德，都唱歌颂扬他："老太太采芑（qǐ）菜呀，送给田成子！"

这时齐国又发生了一件大事，孔子的弟子子我，看穿了田氏的阴谋，决心为齐国剪除威胁。他率兵攻打田成子，结果却失败了。齐简公害怕田成子报复他，选择了出逃，但仍被田成子的部下杀害。齐简公死后，田氏没有急于上位，而是将齐简公的弟弟立为国君，即齐平公。杀掉一个国君，再立一个国君，这代表田氏已经完全控制了齐国的政权，离取而代之只差一步了。

又过了数十年，田氏认为机会来了。此时的齐国国君是齐康公，这位齐康公在位时，深知自己不过是田氏的傀儡，就干脆沉迷于酒色之中。相国田和把他赶到了海边，只给他一座小城当食邑，又过了不久，田和干脆把齐康公赶到一座孤岛上，活活困死了他。

公元前387年，田和代表齐国和魏国的魏文侯在浊泽举行会盟，田和请求魏文侯上书周天子，封自己为诸侯，并答应给周天子一些好处。果不其然，周天子在拿了好处后，批准了田和的请求。公元前386年，田和正式成为齐侯，列名于周王室，至此，齐国落入了田氏的手中。为了区别两个时代的齐国，之前的齐国被称为姜齐，之后的则被称为田齐。

第一代：田完奔齐　公元前672年，陈国公子完逃到齐国，改为田氏，即田完。田氏开始在齐国扎根。

↓

第五代：田桓子崛起　田桓子娶齐庄公之女，田氏家族逐渐掌握齐国实权。

↓

第七代：田成子杀国君　田成子做宰相，杀齐简公，废立国君，完全控制了齐国大权。

↓

第十代：田和封侯　公元前386年，周天子正式承认田和为齐侯，田氏完成代齐。

田氏代齐过程

桂陵之战、马陵之战、长平之战

战国七雄都各自拥有强大的军队，相互之间展开了长期激烈的战争。当时的战争规模很大，双方参战的兵力也很多，交战区域广，持续时间长。战国时期，有几次著名的战争成为后世军事研究的经典战例，如桂陵之战、马陵之战和长平之战。

桂陵之战的作战双方是齐国和魏国。齐军的统帅叫孙膑，魏军的统帅叫庞涓，这两人是同学，都曾跟随鬼谷子学习兵法。学成之后，庞涓先下山投奔了魏国，担任魏国的将军。他自知才能比不上孙膑，就把孙膑骗到了魏国，捏造罪名，砍去了孙膑的双足。后来孙膑在齐国使者的帮助下逃到了齐国，寄居在齐国大将田忌的门下做门客。

魏国军队在庞涓的率领下，所向披靡，在与赵国的战争中，打得赵军毫无还手之力，并且包围了赵国的首都邯郸。亡国在即，赵国派出使者向齐国求救，齐王派出田忌统率的大军，去救援赵国。孙膑随田忌出征，担任军师。

到达前线后，田忌想要直接与魏军开战，被孙膑阻止。孙膑提出，魏国长期攻打赵国，军队的主力都在国外，国内兵力应该很空虚，所以应该采取声东击西、围魏救赵的战术。田忌听从了孙膑的建议，转而向魏国进发，兵锋直指魏国的首都大梁。得知齐国大军奔大梁而去后，庞涓只能率兵回援。孙膑见庞涓回援，又给田忌想了个办法，让他兵分两路，一路去大梁的城郊耀武扬威，另一路则派小股部队拦截庞涓的援军，并且佯装失败，引庞涓上当。庞涓担心大梁安危，见齐军不堪一击，就丢掉辎重，轻装急行，日夜兼程地回救大梁。结果孙膑率领主力部队在桂陵设下埋伏，击溃了庞涓。

桂陵之战后，魏国不甘心失败，又发动了对韩国的战争。韩国打不过魏

知识拓展

田忌赛马

齐国将军田忌和别人赛马,孙膑告诉他:把您的马分成上、中、下三等,先用您的下等马对付他们的上等马,输一局;再用您的上等马对付他们的中等马,赢一局;最后用您的中等马对付他们的下等马,再赢一局。三场比赛下来,田忌一败两胜,赢得了比赛。

成语"田忌赛马"即出自这里,意思是,善于用自己的长处去攻对方的短处,从而获得最后的胜利。

国,向齐国求救。齐国以田盼为主将,孙膑为军师,出兵援助韩国。孙膑再次采用了"围魏救赵"的战术,率军直奔魏国的首都大梁。此时魏国的主帅依旧是庞涓,他再次上当,急忙从韩国撤军,救援大梁。孙膑认为,庞涓这个人刚愎自用,向来轻视齐军,应该采取诱敌深入的战术,引诱魏军进入包围圈,再予以消灭。孙膑下令,让齐军做饭的时候,第一天埋设10万个做饭的灶,第二天减到5万个,第三天减到3万个。庞涓看到齐军留下的灶后,很高兴,他对手下说:"早就听说齐军怕死,没想到这么怕死,这才3天时间,齐国的士兵就已经逃跑了一大半啊。"于是庞涓放松了警惕。为了尽快追击"逃跑"的齐军,庞涓丢下步兵,只带着精锐的骑兵,日夜兼程地追赶齐军。

到了天黑的时候,庞涓率领的骑兵来到了一个叫马陵的地方。马陵道路狭窄,两旁是悬崖峭壁。孙膑命令士兵剥去一棵大树的树皮,在树干上写道"庞涓死于此树下",然后将一万弓箭手埋伏在马陵道的两侧,约定"见到火光就万箭齐发"。庞涓进入马陵道后,隐约看见树上写着字,于是命人点燃火把

同学于鬼谷子

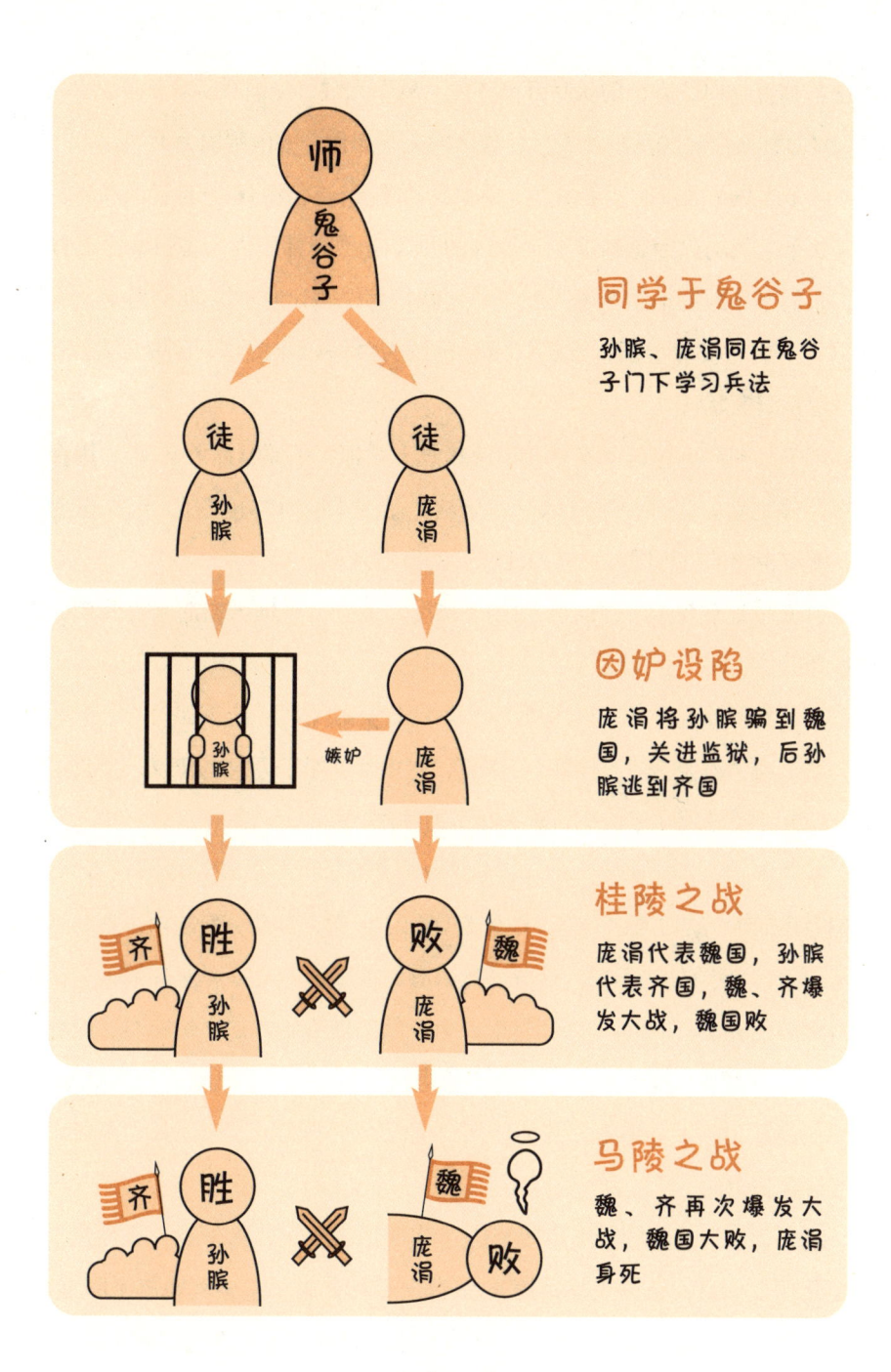

孙膑、庞涓同在鬼谷子门下学习兵法

因妒设陷

庞涓将孙膑骗到魏国，关进监狱，后孙膑逃到齐国

桂陵之战

庞涓代表魏国，孙膑代表齐国，魏、齐爆发大战，魏国败

马陵之战

魏、齐再次爆发大战，魏国大败，庞涓身死

孙庞斗智

查看。就在此时，齐国的伏兵万箭齐发，魏军大败，庞涓拔剑自杀。

经过桂陵之战和马陵之战后，魏国的元气大伤，齐国则国力大增。

长平之战是战国时期最惨烈、最血腥的战役，交战的双方是秦国和赵国。

长平之战的起因是韩国上党地区的归属问题。韩国因为害怕秦国攻打自己，只能不停地割地给秦国，上党地区就是韩国割让给秦国的。但是上党郡的郡守不愿意投降秦国，就想借用赵国的力量来阻止此事，于是对赵王说，自己愿意归顺赵国。

赵王起初并不想得罪秦国，不敢接收上党郡，平原君赵胜却说："用百万大军不停地攻打，也很难获取一座城池。上党郡有17座城池，现在送上门来，哪有拒绝的道理呢？这样的便宜不占白不占。"

赵王还是有些担心，问道："如果接受了上党，秦国派白起来打我们，谁能抵挡得住呢？"

平原君回答说："我们有廉颇啊！虽然打野战廉颇可能不如白起，但如果是守城，廉颇就完全没有问题。"于是，赵王听从了平原君的建议，接收了上党，同时派遣廉颇驻守长平，防备秦军的进攻。

秦国得知上党这块肥肉落入了赵国之口后，很生气，决定出兵攻打赵国。秦国派出的大将是王龁（hé），他先是夺回了上党，然后，秦赵两军在长平展开了对峙。廉颇只守不攻，秦军虽然小有胜绩，但面对赵军坚固的壁垒，也没有太多的办法。时间一久，赵王认为廉颇坚守不出，是害怕秦军，因此很不高兴。廉颇则以将在外君命有所不受为由，坚持自己的战法，因为他知道，赵军的战斗力远不如秦军，只能固守，消耗秦军的实力，久而久之，秦军拖不起，也就撤兵了。

毫无疑问，廉颇的策略是明智的。秦军久攻不下，占不到什么便宜，就决定使用反间计，让赵王换掉廉颇。秦国丞相范雎用重金贿赂赵王的近臣，在赵王那儿说了很多廉颇的坏话。不仅如此，范雎还派人在赵国散布传言说："廉颇早被秦军吓破了胆，不足为虑，秦军害怕的是赵括。"

赵括是名将赵奢的儿子。赵奢因为战功卓著，被赵王封为马服君，而赵括被称为马服子。赵括从小就学习兵法，文韬武略，自以为天下没有人能比得上自己，甚至连赵奢和赵括谈论行军布阵时，也说不过赵括。但知子莫过于父，赵括几斤几两，赵奢还是很清楚的，于是他对赵括的母亲说："战争不是儿戏，是将士生死、国家存亡的大事，赵括竟然说得这么轻松，将来一定不能让他领兵。否则，赵国会吃大亏。"

赵王本来就对廉颇只守不攻很不满意，一直想换掉廉颇。于是赵王听信了秦人散布的谣言，决定用赵括代替廉颇领兵。赵括的母亲想起了赵奢的话，连忙去劝阻赵王。但赵王不听，执意要派只会纸上谈兵的赵括代替廉颇。

在得知赵国用赵括代替廉颇之后，秦国也用白起换掉了王龁。赵括取代廉颇后，一改廉颇的作战方针，选择主动出兵进攻秦军。白起命令秦军佯装战败，赵括以为秦军真的战败了，命令赵军全线追击，一直追到了秦军的营垒下，堵在了秦军家门口。白起大喜，率领一支骑兵突袭赵军的后方，截断了

知识拓展

门客制度

门客是古代有某方面特长的人，逐利于贵族之家，有事则帮忙，无事则帮闲。门客拥有充分的人身自由，主人需要为其提供好处，还要很尊重他们。门客多，表示主人很得人心，面子大。如齐国的孟尝君号称有门客三千。

名将廉颇家中也有一些门客。当廉颇被罢官时，门客们纷纷散去；后来廉颇重新被起用，门客们又纷纷回来。廉颇对此有怨言，门客解释说："我们这些人本就是逐利而来，无利则去。您不当官了，我们跟着您没有好处，当然要走；您当官了，我们跟着您有奔头，自然重新回来。"面对这一套歪理，廉颇竟然无言以对。

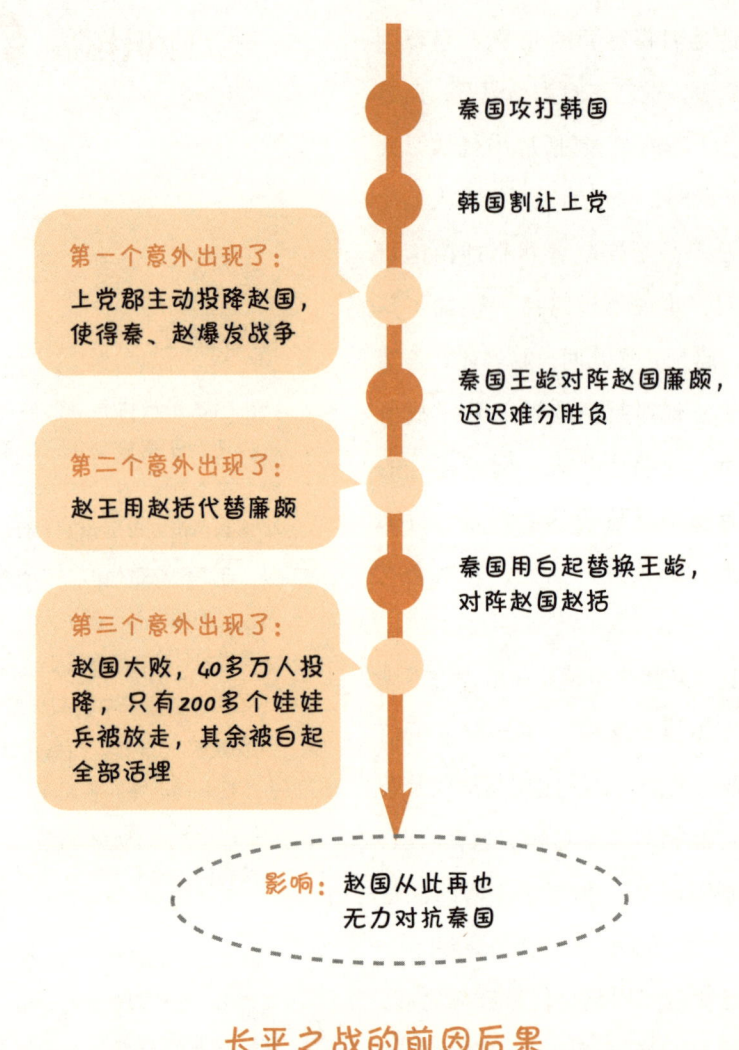

长平之战的前因后果

- 秦国攻打韩国
- 韩国割让上党
- **第一个意外出现了：** 上党郡主动投降赵国，使得秦、赵爆发战争
- 秦国王龁对阵赵国廉颇，迟迟难分胜负
- **第二个意外出现了：** 赵王用赵括代替廉颇
- 秦国用白起替换王龁，对阵赵国赵括
- **第三个意外出现了：** 赵国大败，40多万人投降，只有200多个娃娃兵被放走，其余被白起全部活埋

影响： 赵国从此再也无力对抗秦国

赵军的后路，并且切断了赵军的粮道，又派出数路精兵，将赵国的军队分割成两支孤立的部队。赵括在得知后路被抄、粮道被断后，只能就地建造壁垒，转为防御，此时的赵军已经被秦军紧紧包围了，但因为赵军人多，秦军一时难以将其击败。

被秦军包围的赵军，在断粮46天后，士兵们开始相互残杀为食。赵括虽然多次组织突围，但没有成功。最终，赵括被秦军射死。赵括死后，赵军失去了主帅，再加上伤亡惨重，没有粮食，只好向白起投降。多达 40 多万的赵国降军，让白起犯了难，哪有那么多粮食养他们啊？再说，这些士兵如果反叛怎么办？白起心一狠，命令秦军将赵国的降军全部活埋，只放走了 200 多个娃娃兵。

长平之战使得赵国的元气大伤，再也无力对抗秦国。秦国的最终统一只是时间问题了。

04
战国时期各国的变法

申不害变法（韩国）
成效：改革有很大局限性，取得了一定的成效

吴起变法（楚国）
成效：使得楚国国力一度较为强盛

变法，既是统治者治国方略的再次选择，也是统治阶级利益关系的重新调整。

李悝变法（魏国）
成效：使得魏国成为战国前期最强大的国家

商鞅变法（秦国）
成效：使得秦国成为战国后期实力最强的国家

胡服骑射改革（赵国）
成效：使得赵国军力较为强大

> 战国时期，铁制工具被大量使用，牛耕广泛推广，社会生产力水平不断提高，社会制度也从奴隶制向封建制转型。为了适应社会政治经济的变化，也为了达到富国强兵、争霸天下的战略目的，各诸侯国的统治者纷纷实行了变法改革。其中，较为著名的变法改革，有魏国的李悝（kuī）变法、楚国的吴起变法、韩国的申不害变法、秦国的商鞅变法，以及赵国的胡服骑射改革。

商鞅变法

在战国的诸多变法中，秦国的商鞅变法成效最显著，为秦国最终统一天下奠定了基础。商鞅是卫国人，年轻时就喜欢刑名法术之学，后来在魏国国相公叔痤（cuó）门下任中庶子。公叔痤在临死前对魏王说："商鞅年轻有为，他可以接替我担任国相。"

魏王认为商鞅太年轻，没有采纳公叔痤的建议。于是公叔痤又对魏王说："如果您不用他，那您一定要杀掉他，千万不能让他投奔别的国家。"

魏王觉得公叔痤这是在说胡话，一会儿说用商鞅，一会儿说杀商鞅，语无伦次，所以并没有把他的话放在心上。公叔痤死后，商鞅在魏国得不到重用，他听说秦孝公颁布了求贤令，就去了秦国。

来到秦国后，商鞅很快便见到了秦孝公，但他并不知道秦孝公到底要什么治国之策，决定先试探一番。商鞅第一次见秦孝公时，大谈三皇五帝的帝者之道，秦孝公听得直打瞌睡。第二次见秦孝公时，商鞅谈的是周文王和周武王的王者之道，秦孝公也不感兴趣。第三次见秦孝公时，商鞅说的是春秋五霸的霸主之道，秦孝公表示赞同，但并没有采纳。此时，商鞅已经知道秦孝公要的是什么了，所以在第四次见秦孝公时，他畅谈富国强兵的变法之道。秦孝公听得入迷，连谈数日，也没有倦意，最后决定启用商鞅，在秦国实行变法。

不久，秦孝公举行朝会，宣布任命商鞅实行变法。以甘龙和杜挚为首的旧贵族坚决反对，他们认为"法古无过，循礼无邪"。商鞅针锋相对地指出："治世不一道，便国不必法古。汤、武之王也，不循古而兴；商、夏之灭也，不易礼而亡。"商鞅用商汤和周武王因为变革而兴起，夏和殷商因为一成不变

知识拓展

作法自毙

这个成语的意思是自己立法反使自己受害,出自《史记·商君列传》。商鞅从秦国出逃时,想住宿,主人要求他出示身份凭证,并称这是商君的规定。商鞅无奈而叹:"嗟乎!为法之敝,一至此哉!"后来,这个典故渐渐演变为成语"作法自毙",也作"作法自弊"。

而灭亡的历史之鉴,说明了变法的重要性。在得到秦孝公的大力支持后,商鞅变法开始了。

在新的法令没有颁布之前,为了取信于民,商鞅想了一个办法——他命人在国都的南门外竖起一根三丈高的木头,并发出布告:谁把这根木头搬到北门去,就赏给他十金。老百姓觉得很奇怪,谁也不相信,于是商鞅又把赏金提高到了五十两。终于,有个人抱着试一试的心态,把木头搬到了北门,商鞅立刻命人赏给他五十金。

得到老百姓的信任后,商鞅马上颁布了第一条法令《垦草令》。这条法令的主要内容是刺激农业生产,抑制商业发展。在《垦草令》初具成效后,商鞅又连续颁布了多项法令,包括改革户籍制度、实行什伍连坐法、明令军法奖励军功、废除世卿世禄制度、建立二十等爵制等多项改革内容,这是商鞅在秦国的第一次变法。

几年后,在秦孝公的授意下,秦国又实行了第二次变法。这次商鞅又推出了新的变法内容,分别是:开阡陌,废井田,制辕田,允许土地私有及买卖,推行县制,统一度量衡等。商鞅

商鞅变法

时间：公元前356年（一说公元前359年）开始
最大支持者：秦孝公
变法第一步：南门立木（或"徙木立信"）

变法内容

1. 政治方面

改革户籍制度；废除贵族的世袭特权（世卿世禄）；推行县制，由国君直接派人管理；严明法度，禁止私斗

2. 经济方面

开阡陌，废井田；允许土地私有及自由买卖；统一度量衡；鼓励耕织，生产粮食、布帛多的人可免除徭役

3. 军事方面

奖励军功，建立二十等爵制

变法结果

秦国国力增强，军队战斗力提高，成为七国最强，为以后秦国统一全国奠定了基础

关于商鞅变法

变法在秦国很快收到了成效，秦国的国力大增，特别是军队的作战能力因为军功制而得到了很大的提升。秦军在此后的几次战斗中，击败了当时较为强大的魏国，收复了被魏国占领的河西之地。

商鞅的变法，虽然对秦国有利，但触动了旧贵族的利益。在商鞅的一系列变法举措中，对旧贵族利益触动最大的是"奖励耕战，实行军功爵制"，这样，普通的平民因为种地有功或是作战有功，都能成为贵族，这是旧贵族们所不能容忍的。旧贵族唆使太子与商鞅作对，并让太子故意违反商鞅颁布的法令，以阻挠新法的推行。商鞅为了严明法令，就对太子的老师公子虔处以劓（yì）刑。商鞅得到了秦孝公的鼎力支持，旧贵族们即便反对，也没有太多的办法。

秦孝公死后，商鞅的靠山没有了，旧贵族们马上编造罪名，诬蔑商鞅要谋反。再加上商鞅原本就得罪了过去的太子、现在的秦惠文王，他没有办法，只得逃跑。商鞅逃到边关的时候，找了一家客店准备住下，但没有带身份凭证，店主人对他说："根据商鞅大人的法令，留宿没有身份凭证的客人是要被治罪的。"商鞅没有办法，只能逃到自己的封地，最后被杀。

商鞅虽然死了，但他所颁布的新法并没有被废除，而且秦国从商鞅变法中获利极大。

魏国李悝变法

战国时期，各诸侯国中第一个实行变法的是魏国，这也是在战国初期，魏国作为一个面积并不大的国家，却经常能击败那些大国的原因。

在魏国实行变法的是李悝，他是战国时期法家的代表人物之一。魏文侯时期，李悝被任命为魏国国相，主持变法。

魏国是赵魏韩三家分晋的产物，但魏国一直处于一个很尴尬的地位：经济上，魏国不如富庶的韩国；军事上，魏国又不是强悍的赵国的对手。要想求生存，就必须出奇招，这也是魏国能第一个实行变法的原因。

李悝变法的主要内容分为四项。一是废除世袭制度，根据人的能力来选拔任用官吏，取消旧贵族原本享受的世袭俸禄，用这笔钱来招募贤才。二是废除传统的井田制，采取"尽地力之教"的政策，鼓励老百姓垦荒，废除原本井田制下的土地界限，允许土地私有买卖。三是实行法治，颁布《法经》。《法经》对国家法令、政府职能、官员升迁奖惩、军功奖励等，都做了严格的规定。四是改革军事制度，建立"武卒"制，对士兵进行考核，重新进行军队编排，以提升其作战力。

在李悝的诸多变法中，"武卒"制对魏国的影响最大。根据这项制度，魏国武卒的标准是：士兵身穿三层护甲还能拉开十二石的弓；背着装有五十支箭矢的器具、扛着戈、头戴盔帽、腰挂利剑、带三天的干粮，半天能疾行一百里。可见，武卒要求个人能力突出，

知识拓展

识人"五视法"

魏文侯请教李悝："您曾经教导我，家贫则思良妻，国乱则思良相。如今我需要一位良相，您看魏成子和翟璜两人，我该怎么选？"李悝告诉他，可以从五个方面考察一个人：平时看他亲近什么人，富裕时看他把钱用在什么地方，身居高位时看他推荐什么人，失意时看他不做什么，贫苦时看他不取什么。这就是识人"五视法"。魏文侯按照这个办法，选择魏成子为相，因为魏成子领了俸禄后，一成用在家里，九成用在别人身上；他举荐的三个人才，后来都成了国君之师。

实际上是优中选优，是精兵战略。入选武卒的士兵，国家会免除他的徭役和宅田税，即便是退役，依旧能享受这些福利。武卒制度让魏军的战斗力得到了巨大的提升，5万魏武卒曾击败过秦国的50万大军，夺取了河西之地。

李悝的改革，不仅使魏国很快富强起来，成为战国初期最为强大的国家。更重要的是，这次变法取得了示范效应，各国在目睹了李悝变法的奇效后，纷纷开展了各自的变法运动。

吴起变法

在魏国大刀阔斧地进行变法之时，有一个人身在魏国，亲眼见证了变法的全过程，甚至还参与其中，帮助李悝创建了武卒制度。后来，这个人又离开魏国，前往楚国，在那里几乎复制了李悝变法。这个人就是吴起。

吴起出生在卫国的一个富商家庭。当时商人是没有什么政治地位的，吴起散尽家财，只为求得一官半职，但没有成功。为了出人头地，吴起跑到鲁国，投奔在儒家学者曾申门下，研究儒家学问。吴起的母亲去世后，因为吴起没有回家奔丧，曾申认为他不孝，将他逐出了师门。此后吴起改投兵家，学习用兵之道，渐渐有了一些名气。

这个时候，齐鲁交战，鲁国国君想任命吴起做将军，对付齐国，但因为吴起的妻子是齐国人，又担心吴起会向着齐国。为了得到这个机会，吴起一狠心，杀掉了妻子。后来，吴起被任命为将军，带领鲁军打败了齐军，但是他杀妻求将的做法受到了众人的抨击，因此没能在鲁国站住脚，很快他又投奔了魏国。

在魏国期间，吴起将自己的军事指挥才能发挥到了极致，多次率领魏军击败秦军。更重要的是，他还从李悝那里学习到了变法的精髓。吴起也跃跃欲试，想要有更大的作为，于是他把目光投向了楚国。

到了楚国后不久，楚悼王就任命吴起为令尹，在楚国主持变法。吴起在楚国变法的内容，和李悝在魏国变法的内容大同小异。当然，吴起并不是照搬李悝的变法，他根据楚国的实际情况做出了一些调整，如纠正楚国官场损公肥私、残害忠良的不良风气，统一楚国风俗，禁止私人请托，改"两版垣"为四版筑城法，以建设楚国国都郢等。经过吴起的变法，楚国的国力强大起来，向南击败了百越，向北又击败了魏国，一时间，天下诸侯都不敢与楚国为敌。

和所有的变法一样，吴起在楚国的变法也触犯了旧贵族的利益，招致了他们的怨恨，这也注定了吴起的悲剧结局。

楚悼王死后，吴起从作战前线赶回王城奔丧，早就对吴起不满的贵族们，纷纷拿起弓箭要射杀吴起。吴起自知难逃一死，但临死也要拉几个垫背的，他跑到了楚悼王的尸体边，大喊："群臣作乱，谋害我王。"贵族们纷纷向吴起射箭，在射杀他的同时，也把箭

知识拓展

千金市马骨

战国时期，国君们想方设法地招纳人才。燕国的燕昭王求贤若渴，但招不到人才。谋士郭隗给他讲了一个故事：有一个国王愿花千金买千里马，手下领了任务而去，花了五百金只买回来一匹死马的头。国王大怒，手下解释说："您买一匹死马都愿意花五百金，那为了一匹活马自然愿意花更多钱。这个消息传出去，千里马将纷纷而来。"果然，不到一年，很多人将千里马送上门来。燕昭王受到启发，拜郭隗为师，给他大量俸禄，并修筑"黄金台"招揽天下贤士。有才干的人觉得像郭隗那样平庸的人都能得到昭王重视，于是都慕名来到燕国，燕国因此强盛一时。

射到了楚悼王的尸体上。按照楚国的法律，损坏国王身体是大不敬之罪，要诛灭三族。于是，那些向吴起射箭的贵族都被处死了，受牵连被灭族的有70多家。

吴起这个人在历史上争议很大，从杀妻求将和临死前用毒计复仇这两件事来看，很多人认为他是一个为达目的不择手段的人。然而吴起深得士兵们的拥护，他做将军的时候，同最下等的士兵穿一样的衣服，吃一样的饭菜，和士兵们同甘共苦。

有一次，一个士兵身上长了毒疮，吴起替他吸吮脓液。士兵的母亲听说后，放声大哭，有人问她："你的儿子只是个小兵，将军亲自为他吸吮脓液，你怎么还哭呢？"那位母亲回答："当年，我的丈夫也长了毒疮，也是吴将军替他吸吮脓液。他为了报答吴将军，在战场上奋勇杀敌，不久就战死了。现在吴将军又为我的儿子吸吮毒疮，他也会为之死战，我担心他战死，因此才会哭啊！"

这个故事让人感慨于将军爱士兵、士兵愿为将军战死这一现象，也从侧面丰富了吴起这个人的性格。吴起是一个冷血无情的人吗？这个问题恐怕也不是很好回答。

申不害变法

申不害是郑国人，他是战国时期法家学派的创始人之一。申不害除了与其他法家人物一样讲法治，还强调君主的统治之"术"，即任用、监督、考核臣下的方法。

韩国在灭掉郑国后，申不害成了韩人，他从韩国的底层官吏做起，一步步登上了相国的位置，并在韩国主持变法。申不害变法的第一步是加强君主集权统治。在韩昭侯的支持下,申不害向挟封地自重的侠氏、公厘氏和段氏三大家族开刀,收回其特权,摧毁其城堡,没收他们府库的财富来充盈国库。第二步是整顿吏治,大行"术"治,"见功而与赏,因能而授官",对官吏进行严格的考核和监督,以提升国家政权的行政效率。第三步是整肃军队。申不害主动请命担任韩国上将军,把贵族原有的私人军队收编为国家军队,和原有的国家军队混编,同时进行严格的军事训练,使军队的战斗力大为提高。

申不害在韩国变法15年,"内修政教,外应诸侯",帮助韩昭侯推行"法"治、"术"治,使韩国君主专制得到加强,贵族特权受到限制,国内政局迅速稳定,老百姓的生活也日趋富裕,史称"终申子之身,国治兵强,无侵韩者"。

也正是因为有了申不害的变法,所以地盘并不大的韩国,虽处于强国的

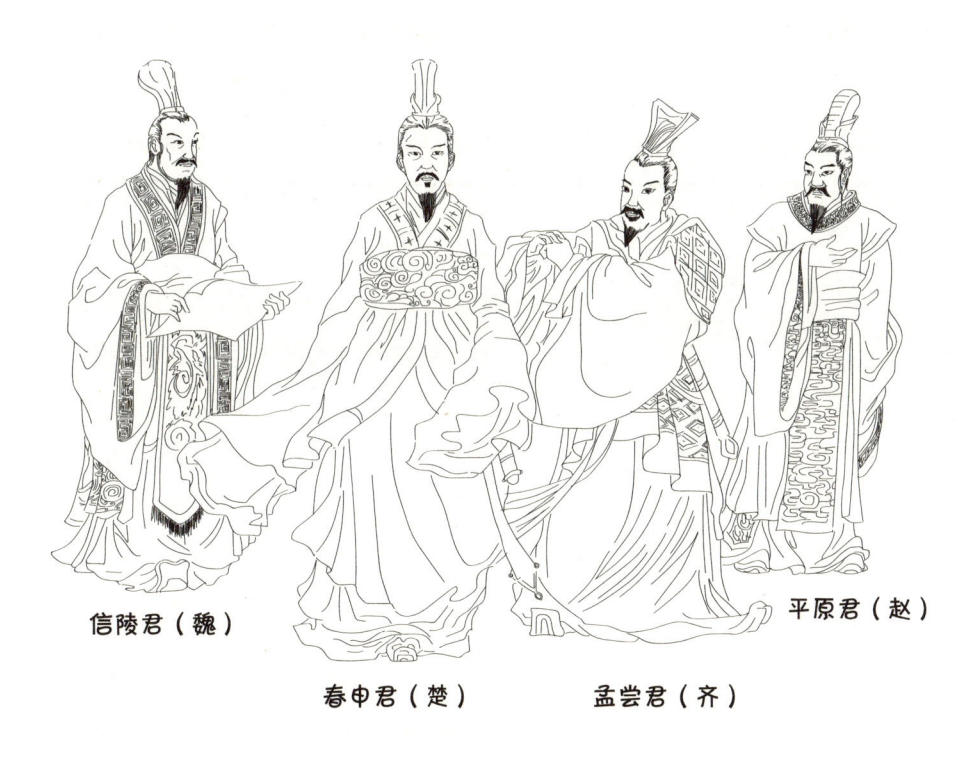

信陵君(魏)　　春申君(楚)　　孟尝君(齐)　　平原君(赵)

战国四公子

知识拓展

徐州相王与五国相王

春秋开始，周天子权威衰落，但直到战国中期，各国诸侯的正式称号都是公或者侯（楚国虽称王，但不被认可）。公元前334年，魏惠王和齐威王在徐州会见，互尊为王，史称"徐州相王"。这是诸侯称王的开始。11年后，公元前323年，韩、魏、燕、赵、中山五国结盟，各国国君均称王，史称"五国相王"。自此之后，重要的诸侯也都相继称王。

包围之中，却能在很长时间内自保，成为与齐、楚、燕、赵、魏、秦并列的战国七雄之一。可见，申不害的变法还是非常成功的。值得一提的是，战国时期的大多数变法者，最终的结局是惨死，但申不害却躲过了这一劫。

赵 武灵王胡服骑射

前面说的那么多变法，都是大臣在得到国君的支持后开展的，那有没有国君亲自操刀变法的呢？有！那就是赵武灵王的"胡服骑射"改革。可能有人会说，胡服骑射算什么变法？千万别小瞧了赵武灵王的这一举措，在战国七雄中，赵国军队的战斗力一度与秦军不相上下，这完全得益于胡服骑射改革。更重要的是，虽然赵武灵王没有颁布一系列的变法法令，但胡服骑射在当时就是一场伟大的变革，它无变法之名，却有变法之实。

赵武灵王，赵氏嬴姓，名雍，是赵国的第六任国君。赵武灵王15岁即位，他即位之初，赵国就面临着亡国的危险。赵武灵王的父亲赵肃侯，特别好战，也特别善战，一生之中，先后与魏国、楚国、秦国、齐国、燕国交战，并多次取胜。他死后，这些国家以吊唁（yàn）为名，各自率领数万精兵来到赵国边境，这就是战国时期著名的"五国会葬"事件。这些国家来赵国名为会葬，但真实目的是想趁着赵肃侯刚死、赵武灵王年少，出兵瓜分掉赵国。

对于15岁的赵武灵王来说，父亲的葬礼眼看就要变成赵国的葬礼。在大臣肥义的帮助下，赵武灵王决定采取针锋相对的措施，迎接这些居心叵测的吊唁者。赵武灵王命令赵国全境戒严，且不允许五国军队进入赵国边境，只允许五国使者携带各国国君的吊唁之物入境，然后由赵国负责接待的大臣将他们直接送往邯郸。五国使者入赵后，见赵国的精锐军队云集邯郸，做好了充分的作战准备；再加上这五个国家原本就各怀鬼胎，并不齐心，于是在赵肃侯的葬礼结束后，五国纷纷撤走了军队。

危机虽然暂时解除了，但赵国想要生存，就必须打造出一支强大的军队。赵武灵王将目光投向了北方。赵国在战国七雄中，地理位置很特殊，它不但要与中原的诸侯争霸，还必须时刻提防来自北方少数民族的威胁：赵国的东北有东胡，西北有林胡和楼烦，正北方则是强大的匈奴。这些北方少数民族都是以骑兵见长。赵武灵王敏锐地发现，胡人穿窄袖短袄，因此生活起居和狩猎作战都比较方便。在作战时，他们用骑兵和弓箭，与中原的兵车、长矛相比，具有更强的灵活性和机动性。赵武灵王对臣子们说："北方游牧民族的骑兵来如飞鸟，去如绝弦，带着这样的部队驰骋疆场，哪有不取胜的道理？"

说改就改，赵武灵王很快就下达了胡服骑射的命令。这项改革遭到了很多人的反对，那些反对的人认为这样做"违背礼法"，但赵武灵王还是决心要推广下去。他召集邯郸城的文武大臣们，当着他们的面用箭将门楼上的枕木射穿，然后严厉地说："有谁胆敢阻挠变法的话，我的箭就要穿过他的胸膛！"

在实行了胡服骑射后，赵国建立起一支以骑兵为主的军队，这支军队很快就在战争中显示出了威力。当时诸侯国中有个叫中山国的，他们的军队曾多次击败赵军。胡服骑射推行后的第二年，赵武灵王就率军击败了中山国，并在几年后灭掉了中山国。更厉害的是，经过胡服骑射改革的赵军，甚至还击败了他们的"老师"——匈奴。

可以说，经过胡服骑射改革的赵国，成为当时除秦国外国力最强的国家，尤其是军事实力，更是与秦国不相上下。

单元总结

重要人物

1 管仲 千古名相

管仲是春秋时期杰出的政治家、军事家、经济学家，后世尊称其为"管子"。他提出"尊王攘夷"的口号，维护了周王朝的宗法制度，抵御了夷狄入侵，为中华文明的存续做出了巨大贡献。孔子称赞他："微管仲，吾其被发左衽矣。"意思是，要是没有管仲，我们就要披散头发，左开衣襟，成为野蛮人了。

2 介子推 不贪天之功

介子推是晋文公重耳流亡时期坚定的追随者之一，他"割股奉君"却不居功，被后人尊为"介子"。晋文公即位后，曾经追随他的人都夸耀自己的功劳，甚至有些并未追随晋文公流亡或者半路逃走的人，也跳出来自吹自擂。介子推看不惯这种行为，认为他们都是"贪天之功为己功"，不屑与之为伍，便辞官隐居山林。

3 百里奚 五羖大夫

百里奚本是虞国人，被晋国俘获，后逃到楚国做了养牛的奴隶，秦穆公用五张黑羊皮把他赎回来，因此人称"五羖大夫"。他辅佐秦穆公成为春秋霸主之一，使秦国强大，堪称一代名相。

4 由余 邻国圣人

由余是晋国人，晋国内乱时逃到戎地。一次，由余作为戎地使者来到秦国，交谈之后，秦穆公对他非常赏识。秦穆公暗地里跟人说："邻国有圣人，这是敌国的危机呀，由余就是这样的圣人，我该怎么办呢？"后来秦穆公使出迷敌计，诱导戎王沉迷声色、疏远由余，由余因此转投秦国，辅佐秦穆公独霸西戎。

重要人物

5 孙叔敖 治水能臣

孙叔敖是楚国人，官拜令尹，辅佐楚庄王成为春秋霸主之一。孙叔敖还是治水名人，他主持修筑了中国历史上第一座水利工程——芍陂（què bēi）。传说孙叔敖年少时，有一次在路上见到一条两头蛇，便将其杀了然后埋起来。回到家，孙叔敖跟母亲哭诉："听说见到两头蛇的人会死，我怕是很快就会死了。"他母亲问："蛇在哪里？"孙叔敖答："我怕后面的人又会看见，就把它杀了并且埋起来了。"他母亲说："积阴德者，必有善报，你一定不会死。"后来孙叔敖出任楚国令尹，人们都称颂他的仁义。

6 伍子胥 复仇狂人

伍子胥的父亲和兄长被楚平王杀害，自己也被迫逃亡吴国。他帮助吴王阖闾登上王位，借吴国之力灭掉了楚国，甚至把楚平王的尸体挖出来鞭打，堪称"复仇狂人"。大臣伯嚭在楚国受了难，逃到吴国。伍子胥虽然不认识伯嚭，却仍不遗余力地帮助他，理由是：他和自己有着相似的遭遇。成语"同病相怜"即出自这里。但是伯嚭后来却陷害伍子胥，吴王因此逼迫伍子胥自杀。

7 范蠡 从政治家到商圣

范蠡和文种，是越王勾践能够成功复仇并成为春秋霸主的主要功臣。但范蠡认为，勾践只可同患难，不可共富贵，于是功成后悄然离去，并留信给文种，说"飞鸟尽，良弓藏；狡兔死，走狗烹"，劝他也离开。文种不听劝告，后来被勾践逼迫自杀。范蠡辞官后，成为成功的大商人，后世尊他为商圣、商祖。

8 晏婴 外交巨人

晏婴是春秋时期齐国的政治家、外交家，被后世尊称为"晏子"。他身材矮小，但聪颖机智，能言善辩，且有政治远见，尤其具有外交才能。关于晏子的故事很多，如折冲樽俎（zǔ）、晏子使楚、南橘北枳、二桃杀三士等。

生产技术的进步,使华夏大地上的先民们逐渐从愚昧走向文明。

第四章 灿烂文明

01
甲骨文和金文

"山"字甲骨文　　　　　"山"字金文

> 甲骨文又称"契文""龟甲文字""殷墟文字"。它是目前所知中国最早的系统文字。

> 金文旧称"钟鼎文"。当甲骨文随着殷亡消逝后，金文取而代之，成为周朝书体的主流。

> 汉字是世界上最古老的文字之一，已有 6000 年左右的历史。关于汉字的起源，有很多种说法，包括结绳说、八卦说、刻契说、仓颉造字说、图画说。其中仓颉造字的传说，在中国流传很广。
>
> 然而，仓颉造字毕竟是神话故事，文字的出现绝非某一个人的功劳，而是汇聚了古代劳动人民集体的智慧。根据考古发现，成熟的汉字可溯源至商周时期出现的甲骨文和金文。

甲骨文

甲骨文，顾名思义，是刻在龟甲或兽骨上的文字。绝大部分甲骨文出现于商朝后期，内容为王室的占卜辞，因而也称"甲骨卜辞""殷墟文字"，它是中国已知最早的成熟汉字。

在很长的历史时期里，甲骨文并不为人所知，直到清朝末年，一个叫王懿荣的人因为一个偶然的机会发现了它。

王懿荣，字正儒，山东人，中国近代著名的金石学家、收藏家。有一次他在药店抓药，买到了一种名叫"龙骨"的药材，而在这些动物骨片上，竟然刻画着很多图形。作为金石学家的王懿荣立刻察觉到这些图形不简单，于是王懿荣找来一个叫范维卿的古董商人，向他收购了大量这种叫龙骨的东西。经过研究，王懿荣发现，骨片上的图形是一种殷商时期的文字。这一发现轰动了当时的学术界，而王懿荣也成为甲骨文研究的奠基人。

为了搞清楚刻有甲骨文的甲骨到底是从哪里来的，1928年至1937年，在考古学家董作宾、李济、梁思永等人的主持下，考古工作队在河南安阳小屯村进行了长达10年的考古发掘，总计发掘出24900多片甲骨。更为重要的是，考古工作者在这里发现了属于商代后期的宫殿、宗庙、墓地遗址，并且还出土了很多珍贵的青铜器、陶器和玉器。根据这些遗址和器物，考古工作者确定了这批甲骨文存在的年代为商代，而安阳小屯村的殷墟也被确认为商代的都城遗址。

研究发现，甲骨文所记载的内容，大多是商代从盘庚到纣王时期占卜用的卜辞。殷商时期，因为生产力水平的局限，人们对客观世界的认识多来自鬼神传说，而与鬼神沟通交流的方式就是占卜，行军打仗要占卜，农业生产要占卜，甚至连生病、生孩子都要占卜。占卜过程中鬼神的启示是怎么体现出来的呢？商代的人使用的方法是用火灼烧龟甲或兽骨，龟甲和兽骨灼烧后会产生各种各样的裂纹，这种裂纹就被视为鬼神的启示，称为"卜兆"，根据卜兆可以推断事情的吉凶。占卜师在这些有卜兆的甲骨上用刀刻上文字，记录占卜相关情况。

为什么这些甲骨文的刻画勾勒会被认为是文字呢？因为它们具备了中国文字书写的用笔、结体、章法三要素，已经从原始刻绘符号向成熟的文字演变了。可以肯定，现代汉字是由甲骨文演变而来的。在迄今发现的10万多片甲骨中，发现了4500多种不同的文字图形，其中已经识别的约1700字。

甲骨文的价值不仅体现在文字起源上，它所记载的人名、地点、时间和事件，对于研究殷商这个久远的朝代有着重要的意义。在很长的历史时间里，殷商只存在于神话和传说中。司马迁在《史记》中虽然著有《殷本纪》，但2000多年来，人们对于司马迁所记载的殷商之事，都是半信半疑的，因为并没有当时的文字记载或是留存的实物资料可以证明。20世纪初，著名学者罗振玉在他搜集的甲骨中，发现了刻有商王朝先公、先王名字的文字，证实了《史记》中关于这些人的记载是真实的；他又从这些甲骨文记录的地理位置，推断出《史记》中所说的"洹水南，殷墟上"，就是现在的河南安阳附近。后来，王国维根据甲骨文中的记载，确定了商朝的第10代国君盘庚将都城从奄（yǎn，今山东曲阜）迁到殷，这就是《史记》中记载的盘庚迁都。这些根据甲骨文研究出来的成果可以证实，商王朝是一个距今3000多年、统治长达500多年的朝代。

口耳相传

"一只蛤蟆一张嘴,两只眼睛四条腿……"

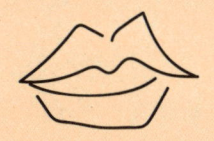

通过语言、歌谣等形式记事

堆石

"我好难呀!"

据说是用石块的大小、数量、堆放的方法和位置等,来代表不同的事物

结绳

"这个用来记数还行,记事?"

事大,大结其绳;事小,小结其绳。结的多少,表示事的多寡

刻契

在木头上刻短杠,刻一条代表1,刻四条代表4……

画图

在岩壁上通过简单的图画来记录事物

在文字发明以前,人类为记事想尽了办法……

金文

金文是指铸造在殷商与周朝青铜器上的铭文。商周是青铜器时代，青铜器中，礼器以鼎为代表，乐器以钟为代表，"钟鼎"也就成为青铜器的代名词，所以金文也叫钟鼎文。

中国在夏代就已经会冶炼并使用青铜，到了商代，铜的冶炼、青铜器的制造技术都已经很发达了。当时人们用文字把很多重要的事情铭刻在这些青铜器上，于是就有了金文。关于"金文"名字的由来，也有一种说法认为，汉代之前，人们把铜叫作金，所以这些铜器上的文字叫金文。

金文是由甲骨文发展而来的。殷商灭亡后，金文渐渐取代甲骨文，成为现在能看到的文字记载的主要形式。根据考古发现，商代的铜器上就有既像甲骨文又像金文的铭刻，可见，甲骨文和金文并没有明显的时间分界线，两者甚至曾同时存在过，只是甲骨文出现得更早、金文出现得较晚。据统计，已发现的金文有3000多字，其中已被辨认出来的有2000多字。

一般认为，商朝是金文的出现及发展期，金文到了周朝走向鼎盛，秦汉之后因为竹简和纸的出现，金文慢慢淡出了历史舞台。金文上承甲骨文，下启秦代小篆，因为是刻在青铜器上，所以相对甲骨文来说，更能保存书写者的原迹。与甲骨文不同，金文在汉代就已经被人发现了，曾风靡一时。不少秦汉学者还曾模仿金文的书写方式，久而久之，金文也成了一种书写字体，对书法艺术产生了深远的影响。

那些铭刻在青铜器上的金文，到底记载了什么呢？我们可以看看三件铭刻金文较多的青铜器——毛公鼎、大盂鼎和散氏盘。1843年，出土于陕西岐山的毛公鼎，因制作者是毛公而得名。毛公鼎内壁铸有铭文32行，近500字，是现在已发现的铭文最长的青铜器，内容大意是周宣王即位之初，为振兴朝

| 甲骨文 | 一 | 二 | 三 | 三 | 五 | 六 | 十 | 八 | 九 | 丨 |

| 金文 | 一 | 二 | 三 | 三 | 五 | 六 | 十 | 八 | 九 | 十 |

| 对应的数字 | 一 | 二 | 三 | 四 | 五 | 六 | 七 | 八 | 九 | 十 |

用甲骨文、金文表示的数字

政，请叔父毛公为其治理国家。毛公为感念周宣王的信任和赏赐，铸鼎记事传给子孙。

1849年，出土于陕西郿县（今宝鸡眉县）的大盂鼎，内壁铸铭文19行，291字，记载了周康王二十三年（公元前997年）九月册封贵族盂的情况。

出土于清朝乾隆年间的散氏盘，内底铸有铭文19行，357字，记载了矢（zè）人攻打散氏，造成散氏损失，因此以田地赔偿散氏，并举行盟誓的情况。

这些数千年前的文字记载，真实反映了当时的政治、经济、军事和生活情况，是留给中华民族子孙后代的宝贵财富。

02
思想的高峰：老子与孔子

老子
道家学派创始人

他们是春秋战国时期百家争鸣的代表人物，是影响中国社会几千年的思想家，据说他们的关系亦师亦友。

孔子
儒家学派创始人

> 春秋战国时期是中国古代社会大动荡的时期，也是学术思想非常活跃的时期，各种学说蓬勃兴起，出现了"百家争鸣"的状态，对后世影响深远。中国传统文化的内核是儒释道三家，其中道家和儒家的创立者分别是老子和孔子，他们都是春秋后期的人。老子和孔子所持的思想观念虽然不同，但二者都在中华民族思想文化发展史上留下了浓墨重彩的一笔。而根据《吕氏春秋》《礼记》等记载，孔子曾经师从老子，向老子虚心求教。

老子创立道家学派

老子,姓李名耳,字聃,生卒年不详,籍贯也多有争议,有记载说他是楚国人,也有记载认为他出生在陈国。

老子是中国古代思想家、哲学家、文学家和史学家,道家学派创始人和主要代表人物,与庄子并称"老庄"。后世的道教尊老子为始祖,称"太上老君"。在唐朝,因为皇帝姓李,老子被追认为李姓始祖。据史书记载,老子曾做过周朝的史官,负责管理周王室收藏的典籍。

老子自幼聪慧,静思好学,对于国家兴衰、战争成败、祭祀占卜、观星测象等知识非常感兴趣。家人给他请了一个名叫商容的老师,这个人通天文地理,博古今礼仪,老子跟他学习到了很多知识——从天地万物到治国理政。经过数年的学习后,商容对老子说:"我所能教授的,你都学会了,你要想学习更多的知识,得去周王城,那里有更好的老师。"

于是,在商容的推荐下,老子来到了周王城,拜周朝的博士为师,学习天文、地理和人文知识,此外文物、典章、史书也无所不习,三年而大有长进。博士于是推荐老子去守藏室做官,边工作边学习。所谓守藏室,就相当于今天的国家图书馆,它集天下之文,收天下之书,汗牛充栋,无所不有。老子在这里如鱼得水,如饥似渴地学习各种知识。

又过了三年,老子的学识已经无人可比,于是被推举为守藏室史,相当于今天的国家图书馆馆长。至此,作为当时一流的学者,老子已经是闻名遐迩、声播海内了。

老子名声在外,引起了另外一位大学者孔子的注意。有一天,孔子对弟子南宫敬叔说:"听说周王城守藏室史老聃,博古通今,知礼乐之源,明道德之要。我想去周王城请教他，你愿意跟我一起去吗？"

南宫敬叔欣然同意，并报告给鲁国的国君。鲁国国君派遣一车二马、一童一御，让南宫敬叔陪着孔子前往周王城。

来到周王城后，孔子见到老子，并问礼于他。所以从名义上来讲，老子和孔子有一段师徒情分。不久后，孔子要离开周王城，老子送别时对孔子说："我听说富贵之人送人以财物，仁义之人赠人以言语。我不是富贵者，只好盗用仁者的名义送您几句话：一个聪慧、深思又能洞察一切的人，却常遭到困厄，濒临死亡，那是因为他喜好议论别人；学问深厚、见识广博的人，却常使自己遭到危险、不测，那是因为他喜好揭发别人短处。做人子女的应该心存父母，不该只想到自己；做人臣子的应该心存君上，不能只顾及自己。"老子的意思是不要仗着聪明、观察力强，就讥笑他人的不足；不要仗着口才好，就到处宣扬他人的缺点。

孔子回答道："我一定谨记在心！"

春秋时期，周王室式微，天下诸侯纷争不断，战乱四起。在周王城担任了守藏室史很多年后，老子感觉这样的生活不是自己想要的，他想找一个安静之所，放下一张书桌，静下心来做学问。于是，他决定隐退。老子选择了向西行，希望在周朝的西面找到一块净土，而函谷关是西出的必经之路。

当时函谷关守关官员名叫尹喜，他好观天文，爱读古籍，且颇有修为。这天晚上，尹喜在城楼上夜观天象，发现有一股紫气自东边而来，他认为，这是有了不起的人自东而来，要西出函谷关。果不其然，他在第二天就见到了骑着青牛正准备出关的老子。

尹喜早就听说了老子的大名，赶紧跑上前去，跪倒在老子的青牛前，口称："拜见圣人。"老子见尹喜气度不凡，就跟他交谈起来。交谈中老子得知，尹喜想要拜自己为师，老子很为难，说自己已经准备归隐山野，现在出函谷关西去，就再也不回来了。

尹喜并不死心，他对老子说："您是当今天下的圣人，您那么多宝贵的知

人名：李耳，字聃　　**身份**：道家学派创始人
时代：春秋后期　　　**国别**：楚国（或陈国）
生平：做过周朝史官，管理王室书籍；
　　　　孔子曾问道于老子。
著作：《道德经》（《老子》）
哲学思想：①顺应自然；
　　　　　②事物都有其对立面，可以相互转化。
政治思想：无为而治
相关典故：紫气东来

关于老子

识，如果不传给后人，您一个人带走了，岂不可惜？您这一旦西行，以后就再难见到，如果谁再想请教您，怎么办呢？我给您出个主意，您在这儿住几天，把您的思想写下来，我再整理成书，这样就可以为后代留下宝贵的精神财富了。"

老子觉得尹喜说得很有道理，就决定先留下来著书立说，将自己的思想传给后世。就这样，老子以王朝兴衰成败、百姓安危祸福为鉴，溯其源，著书一部，分为上、下两篇，共计五千余言。上篇起首为"道可道，非常道。名可名，非常名"，后人称之为《道经》；下篇起首为"上德不德，是以有德；下德不失德，是以无德"，后人称之为《德经》。上下两篇，合称《道德经》。《道经》言宇宙本根，含天地变化之机，蕴阴阳变幻之妙；《德经》言处世之方，含人事进退之术，蕴长生久视之道。

尹喜得到老子所著书后，如获至宝，如饥似渴地终日诵读。这个故事记载在很多史书上，其真假已不得而知。在著完书后，老子骑上青牛，出了函谷关，飘然西去，不知所终。

孔子创立儒家学派

孔子，子姓孔氏，名丘，字仲尼，鲁国陬邑（今山东曲阜）人。他是中国古代伟大的思想家、政治家、教育家，儒家学派创始人。

孔子的祖上是宋国的贵族，出自殷商。孔子的曾祖孔防叔为了躲避宋国的内乱，逃到了鲁国。据说，其父叔梁纥在70多岁时，才和一个叫颜徵在的女人生下了孔子。相传孔子的母亲在怀着他的时候，曾在一个叫尼丘山的地方祷告，所以孔子名丘，字仲尼。

孔子幼年的生活很不幸。他3岁的时候，父亲就去世了，母亲被父亲的正妻赶出了家门，母子二人只能过着清贫的生活。穷人的孩子早当家，这句话用在孔子身上也很适合。15岁的时候，孔子就立志要做一个有学问的人，这样才能出人头地。所以孔子早期的经历，就是想通过读书改变自己的命运。他想走入仕途，成为一个受尊重的人。

19岁的时候，孔子回到祖籍地宋国祭拜祖先，并且迎娶了宋国亓（qí）官氏之女为妻。第二年，他的妻子生下了一个儿子，根据史书记载，鲁昭公为了表示祝贺，送了一条鲤鱼给孔子，所以孔子给儿子取名为鲤，字伯鱼。从这段记载不难发现，20岁的孔子已经小有名气了，他被鲁昭公任命为管理仓库的官员。此时的孔子，一心在仕途，十分关注天下大事，对治理国家中出现的各种问题，也经常发表自己的一些见解，以求获得国君的赏识。

孔子到了30岁的时候，已经成为著名人物。这一年，齐景公出访鲁国，召见了孔子，与他谈论秦穆公称霸的问题，并邀请孔子去齐国做官，但孔子表示不愿离开鲁国。直到几年后，鲁国发生内乱，连鲁昭公都逃到齐国了，孔子这才来到了齐国。齐景公很高兴，多次向孔子请教治国之道。他们谈得很投机，齐景公甚至想把一块封地赏赐给孔子，大夫晏婴出于妒忌，阻止了齐景公。

齐景公曾问政于孔子，孔子的回答很简单，但也很明白，那就是君王要像个君王，臣下要像个臣下，父亲要像个父亲，儿子要像个儿子（即"君君、臣臣、父父、子子"）。或许是因为孔子在齐国受到的礼遇，让齐国的大臣们觉得齐景公要重用他，于是出于嫉妒，齐国的大臣想杀掉孔子。孔子向齐景公求救，齐景公说自己老了，管不住他们了，孔子无奈，只得逃回鲁国。

虽然孔子在齐国曾风光无限，但回到鲁国后的孔子，依旧没有受到鲁国国君的重用。直到孔子40多岁，自称"不惑"了，鲁昭公才想起来重用孔子。孔子50多岁时被任命为鲁国的大司寇（相当于后来的刑部尚书），并代理国相的职权。

孔子在当上大司寇七天后，就诛杀了鲁国大夫、乱政者少正卯，一时间孔子的名声大振。鲁国在孔子的管理下，朝政也渐渐有了起色。此时的鲁国，真正的内患是季孙氏、叔孙氏、孟孙氏三家世卿，也称"三桓"（都是鲁桓公的后代）。鲁国政权实际掌握在这三大家族手里，孔子和他们的矛盾也随之暴露无遗。很显然，论政治斗争，做学问的孔子是斗不过这帮政客的，后来因为政治斗争的失利，他不得不离开鲁国，开始了周游列国之路。

在鲁国为官的这些年，孔子一边做官，一边做学问。因为名气很大，很多人拜孔子为师，成为他的学生。据说孔子的弟子中不乏达官贵人和社会名流。如孔子的学生子贡，是个富可敌国的商人；学生子路，好勇尚武，其为官所取得的政绩深受孔子称赞。在孔子离开鲁国时，很多学生追随孔子一起周游列国。

在周游列国期间，孔子虽然也曾受到一些诸侯的礼遇，但并没有人想重用他。在很长的时间里，孔子的周游列国之路更像是流浪，有时候甚至还会饿肚子，当时就有人嘲讽他如丧家之犬。

经过了长达14年的奔波，鲁国国内糟糕的政治情况稍作缓解，孔子就又

知识拓展

堕三都

"堕"通"隳"（huī），指毁坏城墙。鲁国中央权力被三桓（季孙氏、叔孙氏、孟孙氏）架空，然而三桓的权力渐渐又被他们的家臣架空。孔子为了防止这些家臣作乱，决定拆毁三家的私邑（即封地的城池）。一开始，三桓也想抑制家臣势力，都支持堕都，但随着家臣们起兵反抗，三桓担心自己的利益受损，反过来反对孔子。堕三都行动因此半途而废，孔子不得不离开鲁国，开始了周游列国之旅。

回去了。这时的孔子不再想着仕途，而是开始著书立说，他修订《诗》《书》《礼》《乐》《易》《春秋》六经。晚年的孔子，经历了很多生离死别，先是他的儿子孔鲤死了，不久后，他最喜欢的学生颜回和子路又相继离世。尤其子路的死，对孔子打击很大。子路死于卫国的内乱，"君子死而冠不免"，非常有气节。在经历这一系列打击后，孔子知道自己已经时日无多了。

公元前479年4月初的一天，孔子的弟子子贡来见他，孔子挂杖倚于门前。师生两人见面相拥而泣，孔子责问子贡为何这么晚才来见自己，他叹息地唱着："泰山将要坍塌了，梁柱将要腐朽折断了，哲人将要如同草木一样枯萎腐烂了。"对于自己的一生，孔子做了这样的总结："天下无道已经很久很久了，没有人肯采纳自己的主张，自己的主张不可能实现了。夏朝的人死时在东阶殡殓，周朝的人死时在西阶殡殓，殷商的人死时在两个楹柱之间。昨天黄昏梦见自己坐在两楹之间祭奠，自己的祖先就是殷商人啊！"几天后，孔子因病去世，终年73岁，死后被葬在鲁国都城北泗水岸边。

孔子创立了以"仁"为核心的道德学说，他自己也是一个很善良的人，富有同情心，乐于助人，待人真诚、宽厚。"己所不欲，勿施于人""君子成人之美，不成人之恶""躬自厚而薄责于人"等，都是他的做人准则。"吾十有五而志于学，三十而立，四十而不惑，五十而知天命，六十而耳顺，七十而从心所欲，不逾矩。"这是孔子对自己一生各阶段的总结。孔子所主张的"仁"，体现了人道主义精神。孔子所主张的"礼"，则体现了礼制精神，即现代意义上的秩序和制度。人道主义是人类文明永恒的主题，对于任何社会，任何时代，任何一个政府都是适用的，而秩序和制度社会则是建立人类文明社会的基本要求。孔子的这种人道主义和秩序精神是中国古代社会政治思想的精华。

政治上的不得意使得孔子在失望之余，将更多的心血放在了教育事业上。作为一个教育家，孔子打破了当时社会贵族阶层对教育的垄断，开创了平民教育。作为教育的先驱，孔子的弟子多达3000人，其中最著名的便是"七十二贤士"。这72人中很多都成了

知识拓展

孔子不饮盗泉之水

传说孔子和学生出游时，天热口渴，正好遇见一处泉水，泉水清凉。孔子向乡人打听，得知此泉名为"盗泉"，当即不喜，宁愿渴着也不喝盗泉之水。孔子此举被认为是道德高洁的表现，"志士不饮盗泉之水，廉者不受嗟来之食"。类似的还有"曾子不入胜母之闾"，孔子的学生曾参，以孝著称，据说有一次他乘车来到一个巷子口，发现巷子的名字是"胜母"，当即拒绝入内。

诸侯国的大夫，他们也传播孔子的思想和学问。

孔子在教育理念上提出"性相近，习相远"，意思是人的天赋素质相近，最终各有差异是因为后天教育和社会环境的影响，因此教育很重要，人人都可以接受教育，人人都应该接受教育，所以他主张"有教无类"。

同时，孔子主张"学而优则仕"，认为学问做好了，还有余力，就要去做官，改良社会，为更多的人造福。孔子从事教育的目的就是要培养能从政的君子。孔子对于君子的要求很高，最主要的是道德修养，所以孔子的教育把道德教育放在首位。孔子道德教育的核心是"礼"和"仁"。"礼"为道德规范，"仁"是道德准则。"礼"是"仁"的形式，"仁"是"礼"的内容，有了"仁"的精神，"礼"才能真正充实。

对于学习，孔子也有自己的主张，他主张"学而知之"，主张不耻下问、虚心好学，强调学习要和思考结合，认为"学而不思则罔，思而不学则殆"。孔子认为学习还必须"学以致用"，应该将学到的知识运用到社会实践当中

人名：孔丘，字仲尼　**身份**：儒家学派创始人
时代：春秋后期　　　**国别**：鲁国
生平：创办私学，弟子三千，入室七十二；
　　　　周游列国，宣扬政治主张；
　　　　编订《春秋》等文化典籍。
哲学思想：核心思想是"仁"
政治思想：推崇周礼，以德治国
教育思想：有教无类
相关典故：学而优则仕、温故知新、
　　　　　　不耻下问、见贤思齐

关于孔子

去。孔子的这些教育主张对后世影响深远，儒家也因此成为孔子之后中国2000多年历史中，最受推崇的学派，被历代统治者视作正统学说。后世的很多儒家学者对孔子的思想进行了继承和发扬，使其最终成为中国传统文化的精神内核。

03
百家争鸣

> 诸子百家的兴起，群星闪烁，相互争鸣，盛况空前。

儒家：孔子、孟子、荀子
道家：老子、庄子
法家：商鞅、韩非子
兵家：孙子
名家：公孙龙
墨家：墨子
阴阳家：邹衍
纵横家：苏秦、张仪
农家：许行

> 百家争鸣，是指战国时期，知识分子中不同学派的涌现及各流派之间互相辩争的局面和风气。在中国历史上，战国是思想和文化极为辉煌灿烂、群星闪烁的时代。诸子百家兴起，相互争鸣，盛况空前，极大地推动了当时的文化学术的发展。

儒家

儒家是春秋时期孔子所创,到了战国时期,儒家成为当时影响很大的学派,孔子之后,儒家主要的代表人物是孟子和荀子。

孟子名轲,字子舆,邹国人。和孔子一样,孟子很小的时候,他的父亲就去世了,他由母亲带大。孟子的母亲望子成龙,很重视对孟子的教育。孟子小时候和大多数小孩一样,喜欢模仿。起初,孟子家住在墓地附近,孟子经常和小伙伴一起玩办丧事的游戏。孟子的母亲看到后,认为这个地方不适合孩子居住,于是把家搬到了集市旁边。不久后,孟子又玩起了做生意的游戏。孟母决定再次搬家,这一次他们把家搬到了学校附近,孟子跟着老师学会了鞠躬行礼及进退的礼节。孟母觉得这里很适合居住,他们就在这里定居了下来。这就是著名的"孟母三迁"的故事。因为从小就受到良好的教育,孟子长大后成了很有名望的学者。

孟子的一生,很像孔子,他以开办私学讲课为生,弟子也很多。和孔子一样,孟子也有着较高的政治抱负,他希望能得到君主的重用,于是他也带着学生周游列国。在周游列国期间,孟子因为名气很大,受到了诸侯热情的款待。孟子主张"仁政",他经常劝告统治者不要过分盘剥老百姓,甚至还提出了"民为贵,社稷次之,君为轻"的思想。这些主张和想法,在当时并不被统治者接纳,再加上孟子说话从不拐弯抹角,经常无所顾忌地批评诸侯国君,搞得这些人下不来台,只好"顾左右而言他"。

有一次孟子来到梁国,好战的梁惠王问孟子:"我费心尽力治国,又爱护百姓,却不见百姓增多,这是什么原因呢?"

孟子回答说:"让我拿打仗做个比喻吧!双方军队在战场上相遇,免不了

知识拓展

一日暴之，十日寒之

孟子批评齐王轻信奸臣，做事不能坚持，他说："一株植物，您让它晒一天，又冻上十天，再容易成活的植物它也活不了！您跟我在一起，刚有了一点从善的决心；我一离开，那些奸臣就来哄骗你，你又会听信他们的话，这么么可能学好呢？"这就是成语"一日暴（'暴'同'曝'）之，十日寒之"的出处，后来精简为"一曝十寒"，比喻勤奋的时候少，懈怠的时候多，没有恒心。

要进行一场厮杀。厮杀之后，打败的一方丢盔弃甲，飞奔逃命。假如一个兵士跑得慢，只跑了五十步，却去嘲笑跑了一百步的兵士贪生怕死，这合适吗？"

孟子讲完故事后，梁惠王有些不明白孟子是什么意思。孟子只好打开天窗说亮话，对梁惠王说："你虽然爱百姓，可你喜欢打仗，一打仗百姓就要遭殃。这与五十步笑一百步是同样的道理。"言外之意，同邻国相比，梁惠王虽于民有小惠，但也并不是真的爱百姓，只是把老百姓当成了源源不断的兵源。

孟子之后，儒家的另一个代表人物是荀子，荀子主张实行"礼治"，明确尊卑等级，以维系社会秩序。荀子在战国时期的身份，放到今天，就相当于大学校长，因为他曾三次担任齐国稷下学宫的祭酒。

稷下学宫是世界上最早的官办高等学府，因位于齐国国都临淄稷门附近而得名。荀子是稷下学宫的"一把手"，在他的管理下，凡是来到稷下学宫的学者，不论其学术派别、思想观点、政治倾向，也不管来者是哪国人、年纪多

人名：孟轲，字子舆　　**身份**：儒家学派代表人物
时代：战国时期　　　　**国别**：邹国
著作：《孟子》
哲学思想：①主张"仁政"；民贵君轻；
　　　　　　②性本善
政治思想：推崇周礼，以德治国
相关典故：孟母三迁、王顾左右、始作俑者、
　　　　　　五十步笑百步、一曝十寒

关于孟子

人名：荀况，尊号卿　　**身份**：儒家学派代表人物
时代：战国时期　　　　**国别**：赵国
著作：《荀子》
哲学思想：①主张"礼治"；明确尊卑；
　　　　　　②性恶论
政治思想：推崇周礼，以德治国
相关典故：青出于蓝胜于蓝、锲而不舍、
　　　　　　流言止于智者

关于荀子

大、有没有资历，都可以在这里自由发表学术见解，稷下学宫因此成为当时各学派荟萃的中心，也成了百家争鸣的一个舞台。

　　荀子和孟子虽然都出自儒家，但他们的主张有一个很大的分歧，那就是孟子主张性善论，而荀子主张性恶论。孟子认为人性本善，人之为善，是人

的本性表现，人之不为善，是违背其本性的。荀子则认为人性"生而有好利焉""生而有疾恶焉""生而有耳目之欲，有好声色焉"，所以说人性是"恶"，而不是"善"，要重视习俗和教育对人的影响，使人抑恶扬善。

荀子的性恶论，深刻地影响了他的两个学生，一个是李斯，一个是韩非子。这两个人认为，既然人性是恶的，那就要用严刑峻法来遏制人性的恶，为此，他们出儒家之门，入了法家。

道家

道家的创始人是春秋末期的老子，到了战国时期，道家的代表人物是庄子。因为这两人，道家学说也被称为老庄之说，可见二人对道家的影响之大。

庄子名周，是宋国人，一直担任管理漆园的小吏。齐威王听说庄子很有学问，想请他去做大官，被庄子拒绝了。庄子发展了老子的思想，提出治国要顺应民心和自然，主张人应该追求精神自由，保持独立的人格。从庄子的思想中我们不难发现，他为什么会拒绝齐威王的邀请。庄子这个人风采飘逸，想象力极为丰富，他留下来的文章语言精练，寓意精妙，能把微妙难言的哲理写得引人入胜。《庄子》一书，记载了大量庄子的言行——被称为"文学的哲学，哲学的文学"。

有一次，庄子和好朋友惠施在濠水边散步。庄子看到水里的鱼，就说："鱼啊，鱼啊，你在水里悠闲自得，这是鱼的快乐啊！"

惠施说："你不是鱼，你怎么知道鱼的快乐呢？"

庄子回答道："你又不是我，你怎么知道我不知道鱼的快乐？"

惠施回答："我不是你，当然不知道你，你也不是鱼，你不知道鱼的快乐，这是毫无疑问的。"

庄子最后说："让我们回到话题的开始。你是问我怎么知道鱼快乐的，就是你已经知道我知道鱼的快乐，所以才问我的，而我是在河边就知道鱼的快乐了。"

庄子的想象力极为丰富，在他丰富想象力的背后，是朴素的辩证逻辑。有一次，庄子梦见自己变成了一只蝴蝶，飞来飞去，十分惬意。在梦里，他全然忘记了自己是庄子，而是蝴蝶。梦醒之后，庄子陷入了对自身的疑惑中，他不知道自己到底是庄子，还是蝴蝶。他认真地想了想，还是没明白，到底是庄周做梦变成了蝴蝶，还是蝴蝶做梦变成了庄周。最后，他认为，庄周与蝴蝶必定是有区别的，这就是物我的交合与变化。

庄子的很多行为，在当时那个时代被视为荒诞不经，让人匪夷所思。他晚年的时候，妻子死了，好朋友惠施听说后，跑去吊唁。来到灵堂后，惠施看见庄子坐在棺材旁，两腿呈八字张开，很不雅观。更奇怪的是，庄子并没有显得很悲伤，反而手拍着瓦盆伴奏，唱着歌。见到惠施后，庄子也没有打招呼，而是继续唱歌。

惠施问："你妻子和你结发多年，和你同床共枕，为你生儿育女，现在死了，你看得开，不哭也就算了，可你竟然还敲着盆唱歌，你是不是太过分了？"

庄子回答："你说错了！我也是人，怎么会不悲伤呢？但我想到她的一生，想起从前，那时她未生，不成其为生命。再早些呢，不但不成其为生命，连胚胎也未成。更早些呢，不但未成胚胎，连魂气也没有。后来恍恍惚惚之际，阴阳二气交配，变成一缕魂气。再后来呢，魂气变成一块魄体，于是有了胚胎。再后来呢，胚胎变成幼婴，她被生下来，成为独立生命。生命经历了种种苦难，又走向死亡。回顾她的一生，她的生命轮回和春夏秋冬时序的演变是一个道理啊。现在她死了，将从我家小屋去往天地大屋，坦然安卧。我不唱歌欢送，倒去放声大哭，那就太不懂得生命之道了。"

惠施被庄子说糊涂了，却也无力反驳，只得吊唁完后匆忙离去。

人名：庄周，字子休　　**身份**：道家学派代表人物
时代：战国时期　　　　**国别**：宋国
著作：《庄子》
生平：做过漆园小吏
政治思想：①治国要顺应自然和民心；
　　　　　　②人生应追求精神自由，保持独立人格
相关典故：庄周梦蝶、夏虫不可以语冰、望洋兴叹、东施效颦、庖丁解牛、鬼斧神工

关于庄子

等到庄子快要死了的时候，他的学生们想为他大办葬礼，用金银珠宝陪葬。庄子却说："我以天地为棺椁，以时空为连璧，以星辰为珍珠，万物都是我的陪葬。我陪葬的东西难道还不够多吗，哪里还用得着这些俗物？"

学生们说："我们担心乌鸦和老鹰会吃掉您的遗体啊！"

庄子说："在地面上被乌鸦、老鹰吃，在地下面被蚂蚁吃。现在你不让乌鸦、老鹰吃，反而让蚂蚁吃，这很偏心啊！"

总之，关于庄子的有趣的故事很多，且大多都极富哲理意味。

墨家

墨家的创始人是墨子，名翟，战国初期宋国人（也有说是鲁国人），著名的思想家、教育家、科学家、军事家。墨子放过牛，当过木工，是中国历史上著名的平民出身的哲学家。

墨子原本是儒家弟子，自幼学习《诗》《书》《春秋》等儒家典籍，然而在墨子看来，儒家的思想并不能解决战国时期天下纷争的问题。于是，墨子舍弃了儒家，自立学派，在各地讲学，以激烈的言辞抨击儒家和各诸侯国的暴政。墨子提出了"兼爱""非攻""尚贤""尚同""非命""非乐""节葬""节用"等观点，这些观点很接地气，受到了大批社会底层手工业者和平民的追捧，影响越来越大，逐步形成了墨家学派，而墨家也成了儒家的主要反对派。

墨子主张非攻，反对攻伐掠夺的不义之战，这可不仅仅是说说而已。战国时期，天下纷争，战争频发，墨子为了宣扬自己的非攻思想，经常带着弟子们帮助那些弱小的国家守城。有一次，强大的楚国准备攻打宋国，为此，楚王还专门请了当时著名的工匠鲁班，制造了很多用于攻城的器械。墨子听到这个消息后，派大弟子禽滑釐（qín gǔ lí）带着300多名墨家子弟去帮助宋国守城，自己则穿着草鞋，戴着斗笠，不远千里前往楚国，试图劝阻楚王。

来到楚国后，墨子先是找到了鲁班，想说服他停止制造攻城的武器。鲁班说："我只是个打工人啊，这事我做不了主！"于是，鲁班带着墨子去见了楚王。

墨子对楚王说："我听说有这么一个人，放着自己的高档马车不要，却想偷邻居的破车子；丢掉自己的华丽衣裳不穿，却想偷邻居的粗布衣。您说这是个什么人啊？"

楚王不假思索地回答道："这个人怕是有病吧！"

墨子接着说："楚国是大国，土地富饶，物产丰富，而宋国地盘很小，资源贫瘠。两个国家对比，就像豪车与破车、锦绣与破衣的区别一样。大王您攻打宋国，不是和那个有病的小偷一样吗？再说了，大王您攻宋，是丧失道义的，并且一定会失败。"

楚王被墨子怼得无话可说，看了看鲁班，回答道："我连攻城的武器都做好了，还是要去攻打宋国的。"

知识拓展

墨子泣丝

《淮南子》记载:"杨子见逵路(四通八达的路)而哭之,为其可以南可以北;墨子见练丝而泣之,为其可以黄可以黑。"杨子指战国初期的哲学家杨朱,他站在岔路口,突然大哭,因为道路可以往南走,也可以往北去,选择不同,人生也就不一样。墨子见人染丝,为之哭泣,因为染料决定了丝的颜色,黄色染料染出黄色的丝,黑色染料染出黑色的丝,染丝如此,人生也同样。这两个故事警示人们,人生的道路选择、环境影响极其重要,不可不慎重。

墨子说:"鲁班制造的攻城武器,虽然威力巨大,但也不是没有破解之法啊。大王您如果不信,我现在就给您演示一番。"说完,墨子解下自己的腰带,模拟城墙,用木片表示各种器械,和鲁班上演了一场攻防演练。鲁班组织了多次进攻,都被墨子一一破解。

鲁班输了后,并不服气,对墨子说:"我知道怎么赢你,但我不说。"

墨子回答道:"我也知道你想怎么赢我,但我也不说。"

一旁的楚王看不懂这两人在打什么哑谜,问:"你们这是什么意思啊?"

墨子大声说道:"鲁班的意思是杀了我,这样宋国就守不住了。"

鲁班吓了一跳,他之所以不说,是因为他很尊重墨子,并不想让他丢掉性命。墨子接下来的话,让鲁班把悬着的心放了下来,他说道:"不过,即使楚王您杀了我,也是无法取胜的,因为我早就派我的弟子禽滑鳌带人去了宋国。刚才演示的各种方法,我都已经教给了我的那些弟子们,即使我死了,宋国也能保住。"墨子的这番话,彻底打消了楚王攻宋的念头,因为他知道自己已经无法取胜了。

人名：墨翟　　身份：墨家学派创始人、科学家
时代：战国初期　国别：宋国
著作：《墨子》
政治思想：① "兼爱" "非攻"；
　　　　　② "尚贤"，选贤能的人治理国家；
　　　　　③ "节用"，反对奢侈，提倡节俭
相关典故：墨守成规、墨子泣丝

关于墨子

墨子不仅是哲学家，他还精通各种手工技艺，所以在和鲁班的攻守较量中并不落下风。据说，墨子曾制造出一种可以飞行的木鸟，还曾制造出可以载重三十石的车子，这种车子使用方便，省时省力。墨子还是一个杰出的科学家，在力学、几何学、代数学、光学等方面，都有重大贡献，在诸子百家中，这是绝无仅有的。著名教育家蔡元培先生曾这样评价墨子："先秦唯墨子颇治科学。"甚至有学者认为，墨家的科技成就等于或超过了整个古代希腊。

墨子死后，墨家学派发生了分化。有相里氏之墨、邓陵氏之墨、相夫氏之墨，他们活动于战国中后期，继承了墨子的衣钵，继续帮人守城，传播墨子的主张。墨家也成为战国时期颇具神秘色彩的民间组织。

法家

法家，是中国历史上提倡以法治为核心思想的重要学派，以富国强兵为己任。法家的成熟很晚，但成型很早，最早可以追溯到夏商时期负责法律诉讼的理官。法家学说也被称为"刑名之学"。管仲、士匄（gài）、子产、李悝、吴起、商鞅、慎到、申不害、乐毅、剧辛等人，信奉的都是法家思想。从这些法家的代表人物不难看出，法家不是纯粹的理论派，而是积极入世的行动派。管仲辅助齐桓公称霸，吴起更是在魏国和楚国帮助两国富国强兵，商鞅变法使得秦国一跃成为天下强国，乐毅则帮助燕昭王击败了强大的齐国。

到了战国末期，韩非子对法家的学说进行系统的总结和归纳，集法家之大成，成为法家的代表人物。

韩非子，韩国新郑人。作为法家的代表人物，他将商鞅的"法"、申不害的"术"和慎到的"势"集于一身，将辩证法、朴素唯物主义与法融为一体，著有《孤愤》《五蠹》《内储说》《外储说》《说林》《说难》等文章，后人将这些作品收集整理编纂成《韩非子》一书。

韩非子的法家学说为历代统治者所信奉，一直是中国封建时期统治阶级治国的思想基础。韩非子出身韩国贵族，韩国在战国时期是一个小国，经常挨打。青年时期的韩非子为了改变韩国的命运，四处拜师学习，希望能找到救国救民的方法。他先是拜在了儒家大学者荀子的门下，学习所谓的"帝王之术"，和他一起学习的还有李斯。但韩非子后来发现，儒家的仁义之说，并不能使韩国强大，于是转而学习刑名之学，希望走变法图强的路。然而，韩非子并没有像其他法家学派的人一样被诸侯重用，他空有一身本事却没有用武之地，只好关起门来著书立说，对法家学说进行了系统性的总结和归纳。

不久之后，韩非子写的书传到了秦国，秦王嬴政看后非常欣赏他的才华，激动地说："寡人若能见到此人，与他结伴出游，便是死也没遗憾了！"

韩非子本来不想去秦国，但秦国派兵进攻韩国，逼迫韩非子去秦国，出于对韩国安全的考虑，韩非子最后还是去了秦国，他希望能说服秦王，保全韩国。来到秦国后，秦王很高兴，表示相见恨晚，准备拜韩非子为客卿，重用他。此时秦国的丞相是李斯，他跟韩非子是同学，他深知自己的本事远不如韩非子，一旦韩非子得到重用，自己将无立足之地。于是，李斯向秦王进言说："韩非子是韩国的王室贵族，他心里想的都是韩国，不会为秦国效力的，他很有可能还是韩国派来的间谍。"

秦王听信了李斯的话，就把韩非子关到狱中。此时的李斯还在韩非子面前做好人，说自己会替他申诉，但背地里却陷害他。最后李斯设计迫使韩非子在狱中服毒自尽。临死之前，韩非子明白了一直是李斯在坑害自己，他无奈地对李斯说："世事有道，命运无常；乍死乍生，一存一亡。请你好自为之吧，不要落得和我一样的下场啊。"果不其然，25年后，李斯被赵高扣上谋反的罪名，被腰斩。

人名：韩非
身份：法家代表，集法家之大成
时代：战国末期　　国别：韩国
著作：《韩非子》
生平：和李斯同学于荀子，学问受到秦王嬴政的推崇，后被李斯陷害而死
政治思想：强调以法治国，树立君主权威，推崇中央集权
相关典故：自相矛盾、守株待兔、讳疾忌医、滥竽充数

关于韩非子

其他诸子百家

诸子百家，是对先秦时期各个学术派别的总称。据《汉书·艺文志》的记载，百家之中，数得上名字的就有189家，其他数不上名字的还有上千家。除了儒家、道家、墨家和法家，在春秋战国时期，颇具影响力的还有名家、阴阳家、兵家、纵横家、农家，等等。

名家又有"讼者""辩者""察士""刑名家"等称呼。名家以严谨的逻辑思想而闻名，开创了中国古代的逻辑思想探究。名家的代表人物有邓析、公孙龙、宋钘等人，其中以公孙龙的"白马非马"论最为出名，它提出了逻辑学中的"个别"和"一般"之间的相互关系，但把它们之间的区别夸大，割断二者的联系，是一种形而上学的思想体系。

阴阳家是齐国人邹衍创立的学说，其核心内容是"阴阳五行"。"阴阳说"把"阴"和"阳"看作事物内部的两种互相消长的协调力量，认为它们是孕育天地万物的生成法则。"五行说"则由"金、木、水、火、土五种基本元素不断循环变化"的理论，发展出"五行相生相克"的理念。

兵家是研究军事理论、从事军事活动的学派。有人认为兵家源于神话人物九天玄女，也有人认为兵家鼻祖是姜子牙，还有人认为兵家源自法家，但最为靠谱的说法是兵家始于孙武。

孙武是春秋时期著名的军事家，被后世尊为兵圣或孙子。他所著的《孙子兵法》是中国现存最早的兵书，也是世界上最早的军事著作，早于克劳塞维茨《战争论》约2300年，对后世影响深远，被誉为"兵学圣典"。

纵横家是鬼谷子创立的学派，这一派学者在战国时期主要以从事政治外交活动为主，这些人就是当时的外交家，他们朝秦暮楚、事无定主、反复无常，出谋划策多从主观的政治要求出发。鬼谷子有两个很出名的学生苏秦和张仪，苏秦主张合纵抗秦，而张仪帮助秦国用连横的策略对付东方六国。

农家又称"农家流"，是主张发展农业生产和农民思想的学术流派，他们奉神农为祖师，主张劝耕桑，以足衣食。农家的代表人物是楚国的许行，他借神农氏之口，"教民农耕"，主张"种粟而后食""贤者与民并耕而食，饔飧（yōng sūn，早餐和晚餐）而治"，反对不劳而获，认为君主应该和百姓一样自己耕种，自己做饭，靠自己的劳动来养活自己。

学派	代表人物	代表理论	影响
名家	公孙龙	"白马非马"论	开创了中国古代的逻辑思想探究
阴阳家	邹衍	阴阳五行说	对后世哲学、医学、历法、建筑影响很大
兵家	孙武	《孙子兵法》	世界上最早的军事著作
纵横家	苏秦、张仪	合纵、连横	
农家	许行	贤者与民并耕而食	

其他诸子百家代表学派

04
都江堰与郑国渠

> 都江堰、郑国渠与灵渠是秦国修建的三大水利工程，充分展现了中国古代劳动人民的聪明才智。

秦国和后来的秦朝在改革政治和发展经济的过程中，非常注重兴修水利，曾花费大量的人力物力，修建了三项宏大的水利工程，分别是都江堰、郑国渠和灵渠。这三项水利工程中，郑国渠是为了灌溉，灵渠是为了运输，而李冰父子主持修建的都江堰，集防洪、灌溉、运输等多种功能于一身，历经 2000 多年，至今仍在发挥着巨大的作用，这在世界水利史上都是绝无仅有的。

李冰修筑都江堰

蜀郡，是秦朝在四川西部设立的行政区域。战国时期，在今天的成都和重庆一带，原本有两个国家，分别是巴国和蜀国，这也是四川盆地及周边地区被称为"巴蜀"的由来。

在秦国统一天下的过程中，东方六国是秦国的主要敌人，但在征服和吞并这些国家之前，秦国早就盯上了巴蜀之地。秦惠文王在丞相张仪的建议下，派遣大将司马错进军巴蜀，分别灭掉了巴国和蜀国，并在其地盘上建立了巴郡和蜀郡。因为巴蜀之地岷江水患不断，秦昭王时期，水利专家李冰被任命为蜀郡太守，治理水患。

李冰，生卒年不详，出生地不详，但因为主持修建都江堰的伟大功绩，历史记住了他，老百姓记住了他。当时蜀地的水患很严重，又因为地形的关系，造成一个奇特的景象：每年夏秋时节，东旱西涝，即东边闹旱灾，西边闹洪灾。

知识拓展

古人为什么重视治水

大禹治水得天下，李冰、郑国因为修建水利工程而为万世敬仰。因为古代是农业社会，农业必须靠水来灌溉；古代运输不发达，水运是最经济的运输方式。所谓"国用莫急于漕，而民间所急在水利"。

水也有坏处，孟子将"洪水"和"猛兽"相提并论，即成语"洪水猛兽"。洪水为祸，摧毁一切，这样的事即使在今天也不能全然避免。因此，司马迁在考察了历史上的诸多治水事迹后，发出感慨："甚矣，水之为利害也！"意思是水利、水患，都影响极大，为利则利国利民，为患则民不聊生。

李冰带着他的儿子李二郎，沿岷江岸进行实地考察，了解水情、地势等情况，在吸取了蜀国治水的经验和教训后，他们拿出了治理岷江的规划方案。李冰把岷江分成内江和外江，内江用于灌溉，外江用于分泄。最终，他们建成了都江堰这座大型水利工程。

都江堰给巴蜀之地带来了天翻地覆的变化，千百年来危害人民生命财产安全的岷江水患被彻底根除。在都江堰工程中，从内江下来的水可以灌溉十几个县，灌溉面积达300多万亩。

为了纪念李冰父子的功绩，后世老百姓在都江堰附近修建了二王庙，而李冰的儿子李二郎，甚至被神化成为著名的二郎神。

郑国渠之谜

郑国渠中的"郑国"，指的并不是春秋时期的诸侯国郑国，而是指一个人。郑国是战国时期韩国的水利专家，当然，他还有一重身份——"间谍"，他是韩国派往秦国的间谍。一个水利专家，同时还是个间谍，郑国的复杂身份，要从战国末年的复杂政治形势说起。

战国末期，秦国一家独大，东方六国谁都不是对手，哪怕他们联合起来，采取合纵的手段对付秦国，到头来也是被各个击破。韩国与秦国相邻，秦国东出统一天下，第一个要打的就是韩国。再加上韩国的国力在战国七雄中原本就是最弱的，韩国为了自保，就必须想出一些奇招来。

公元前246年，韩桓惠王面对秦国的日益逼迫，在走投无路的情况下，想出了一个妙招，这就是所谓的"疲秦"之策。他给秦王"献策"，说是能帮助秦国修建一个水利工程，在泾水和洛水之间穿凿一条大型灌溉渠道，这样就可以浇灌关中的土地，何乐而不为？其实韩桓惠王哪有这样的好心，他的目的是希望通过这项庞大的水利工程，耗费秦国的国力，使其衰败，这样韩国就不会被秦国灭掉了。此时的秦国，嬴政刚刚当上秦王，秦国的大权掌握在太后和吕不韦的手中，吕不韦一听有这样的好事，马上就答应了。

作为韩国首席水利专家的郑国，就承担了这项"光荣"的任务，在韩桓惠王的派遣下来到秦国，开始主持修建这项工程。郑国渠是以泾水为水源，以灌溉渭水北面农田为目的的水利工程，其施工难度极大，秦国征集了大量的人力和物力，修筑了很多年才完成。

在修筑郑国渠期间，秦国识破了韩国的"疲秦"之计，发现了郑国的"间谍"身份。秦王很生气，要杀掉郑国。在朝堂之上，郑国也坦然承认了自己的间谍身份，但他对秦王说了这么一番话："没错，我确实是韩国的间谍，但是秦王您想想，如果这条水渠真的修筑成功了，获利的是谁呢？是秦国啊。韩国不过是一个小国，您早晚能灭掉它。因为修建这条水渠，韩国不过是延续了几年命；而秦国则会因为这项水利工程使千秋万代都受益啊！"秦王觉得郑国说得很有道理，便赦免了他，让他继续负责修建。

同样是因为修建郑国渠这件事，还发生了著名的秦国驱逐客卿事件，秦

名称	都江堰	郑国渠
主持修建者	李冰父子	郑国
地域	巴蜀	关中
影响	使成都平原化为"天府之国"	使关中平原成为沃野良田

关于都江堰和郑国渠

王要把所有外来官员都赶出秦国。小官员李斯也在被逐之列，临行前他写下了《谏逐客书》，劝秦王不要驱逐客卿，促使秦王改变了主意。秦国保住了大量外来人才，李斯则因此得以进入秦国权力中心，成就了一番事业。

  历经十余年，郑国渠终于修建完成。正如当初的设想一样，郑国渠的开凿，使富有肥力的泾河泥水能够充分灌溉田地，淤田压碱，将沼泽盐碱之地变成了肥美良田，关中也一跃成为富庶的地区。据《史记》记载，郑国渠修成后，"于是关中为沃野，无凶年"。郑国渠的建成，使干旱的关中平原成为沃野良田，粮食产量大增，直接支持了秦国统一六国的战争。韩王的"疲秦"之策最终沦为了笑话，反而为秦国做了嫁衣。

单元总结

重要人物

1 老子 道法天地

老子是道家学派的创始人,被后世道教尊为始祖,称"太上老君"。老子主张顺应自然,清静无为。传世作品有《道德经》(《老子》)。

2 孔子 至圣先师

孔子是儒家学派的创始人,被后世尊为"至圣先师"。他创办私学,打破贵族和王室对教育的垄断,德泽后世,堪称万世师表。孔子主张"仁政",知其不可为而为之。《论语》一书由其弟子和再传弟子整理而成,记录了大量孔子和其弟子的言行,是儒家的重要经典作品。

3 孙子 兵家至圣

孙子即孙武,我国春秋时期著名的军事家、政治家,被尊为"兵家至圣",也是吴王阖闾称霸的主要功臣之一。代表作《孙子兵法》被誉为"兵学圣典",提出了"不战而屈人之兵""知己知彼,百战不殆"等观点。

4 墨子 科学巨匠

墨子是墨家学派的创始人。战国时期的诸子百家里，墨家影响巨大，与儒家并称显学，"非儒即墨"。墨家有侠气，崇尚平等、博爱。墨子对后世科学发展有重要贡献，被尊为"科圣"。

重要人物

5 申不害 变法大师

申不害是战国时期法家创始人物之一，被尊为"申子"。申不害以"术"著称。所谓"术"，是法家思想源头之一，指君主驾驭使臣下的方法。他在韩国为相多年，主持变法，使韩国强盛起来。

6 慎到 "势"学大师

战国时期法家创始人之一，曾长期在齐国稷下学宫讲学，被后世尊为"慎子"。慎到的思想结合了道家和法家，反对儒家的"德治"，主张法治和"无为而治"，尤以"势"著称。"势"指君主的权势。慎到认为，君主掌握了权势，才能保证法律的执行，并有利于国家的治理。

7 孟子 儒家"亚圣"

孟子是孔子之后儒家学派的代表人物,与孔子并称"孔孟",被后世尊为"亚圣"。孟子主张"民为贵,社稷次之,君为轻",把人民的重要性排在君王的前面;又提出"得道多助,失道寡助",对统治者多有批评。

8 庄子 逍遥道家

庄子与孟子差不多是同时代的人,庄子是道家学派的代表人物,与老子并称"老庄"。他的著作收录于《庄子》一书中,想象丰富,论辩引人入胜,被誉为"文学的哲学,哲学的文学"。庄子提倡逍遥自在,追求精神自由,对后世文人影响深远。

9 许行 农家代表

许行的思想核心是反对不劳而食,主张"君民并耕",君主和百姓应该一样耕种,自食其力;并提出"市贾不二"理论,即市场上同一种商品应该只有一种价格。许行的主张反映了战国时期贫苦农民的利益和要求。

10 邹衍 阴阳家代表

邹衍是战国时期阴阳学家的代表人物,五行学的创始人,提出了"金木水火土"五行相克相生的理论。

重要人物

11 公孙龙 诡辩之祖

公孙龙是战国时期名家的代表人物之一,与邹衍为同时代人。公孙龙做过平原君的门客,善辩论,以逻辑分析见长。他提出了著名的"白马非马"论,被称为诡辩学的祖师爷。

12 苏秦 纵横家代表

苏秦是战国时期纵横家的代表人物,读书时曾"头悬梁,锥刺股",最终学有所成。他后来提出"合纵"理论,成功联合六国共同对抗秦国,并担任"从约长",佩六国相印。

13 张仪 纵横家代表

传说张仪和苏秦是同学，都跟随鬼谷子学习纵横之术。张仪首创"连横"的外交策略，帮助秦国打破了六国的合纵联盟。

14 荀子 诸子之大成

荀子是孔孟之后儒家学派的代表人物，他总结了百家争鸣的理论成果，结合自己的学术思想，成为战国百家争鸣的集大成者。荀子提出"人定胜天"，主张性恶论，主张礼治与法治相结合。他的弟子李斯、韩非子，后来成为先秦法家的代表。

15 韩非子 法家之大成

韩非子是先秦法家思想的集大成者，集商鞅的"法"、申不害的"术"和慎到的"势"于一身。他曾与李斯同在荀子门下学习"帝王之术"。他的学说为秦统一六国提供了理论武器，也为后世君主专制提供了理论依据。

图书在版编目（CIP）数据

跟着课本学历史. 文明之光 / 彭勇著. —成都：天地出版社，2024.3
ISBN 978-7-5455-7339-8

Ⅰ.①跟… Ⅱ.彭… Ⅲ.①中国历史－青少年读物 Ⅳ.①K209

中国版本图书馆CIP数据核字（2022）第199975号

GENZHE KEBEN XUE LISHI: WENMING ZHI GUANG
跟着课本学历史：文明之光

出 品 人	杨　政
作　　者	彭勇
责任编辑	杨永龙　李晓波
责任校对	张月静
封面设计	马川大伟
责任印制	王学锋

出版发行	天地出版社 （成都市锦江区三色路238号 邮政编码：610023） （北京市方庄芳群园3区3号 邮政编码：100078）
网　　址	http://www.tiandiph.com
电子邮箱	tianditg@163.com
经　　销	新华文轩出版传媒股份有限公司

印　　刷	北京文昌阁彩色印刷有限责任公司
版　　次	2024年3月第1版
印　　次	2024年3月第1次印刷
开　　本	710mm×1000mm　1/16
印　　张	11.25
字　　数	157千字
定　　价	39.80元
书　　号	ISBN 978-7-5455-7339-8

版权所有◆违者必究

咨询电话：（028）86361282（总编室）
购书热线：（010）67693207（营销中心）

如有印装错误，请与本社联系调换。